普通高等院校经济管理系列"十二五"规划教材

会计学原理实训教程

（第2版）

主　编　陈国辉　王文杰
副主编　耿慧敏　王晓云

北京邮电大学出版社
·北京·

内 容 简 介

《会计学原理实训教程》是会计理论教学的仿真教材,也是《会计学原理》的配套实践教材,本教材是为适应实践教学的要求,加强会计实践操作能力的培养而编写的。全书以手工会计核算系统为核心,以我国最新《企业会计准则》为依据,通过实训,能够感性地认识和掌握会计凭证、会计账簿和会计报表之间的会计循环关系,并有效地提高会计实践技能水平。

本教材分为上、下两篇。上篇以五个模块的形式对会计基本书写、会计凭证、会计账簿、银行存款余额调节表与试算平衡表、会计报表的编制进行了单项技能实训;下篇在上篇单项实训的基础上进行了综合,将单项技能通过制造业企业一个月的经济业务进行了综合实训。

本教材适合于普通高等院校的会计学、财务管理专业和其他经济管理类专业学生使用,也可供从事会计相关工作的人员作为参考用书使用。

图书在版编目(CIP)数据

会计学原理实训教程/陈国辉,王文杰主编.—2版.--北京:北京邮电大学出版社,2015.7
ISBN 978-7-5635-4383-0

Ⅰ.①会… Ⅱ.①陈… ②王… Ⅲ.①会计学—教材 Ⅳ.①F230

中国版本图书馆 CIP 数据核字(2015)第 125179 号

书　　名	会计学原理实训教程(第 2 版)
主　　编	陈国辉　王文杰
责任编辑	张保林
出版发行	北京邮电大学出版社
社　　址	北京市海淀区西土城路 10 号(100876)
电话传真	010-82333010　62282185(发行部)　010-82333009　62283578(传真)
网　　址	www3.buptpress.com
电子信箱	ctrd@buptpress.com
经　　销	各地新华书店
印　　刷	中煤涿州制图印刷厂北京分厂
开　　本	787 mm×1 092 mm　1/16
印　　张	16.5
字　　数	304 千字
版　　次	2015 年 7 月第 2 版　2015 年 7 月第 1 次印刷

ISBN 978-7-5635-4383-0　　　　　　　　　　　　　定价：35.00 元

如有质量问题请与发行部联系

版权所有　侵权必究

前　言

《会计学原理实训教程》是会计理论教学的仿真教材,也是《会计学原理》的配套实践教材,本书是为适应实践教学的要求,加强学生实践操作能力的培养而编写的。全书以《企业会计准则》最新规定为依据,以手工会计核算系统为核心,力求理论与实践密切结合。本教材分为上、下两篇,其中上篇以五个模块的形式对会计基本书写、会计凭证、会计账簿、银行存款余额调节表与试算平衡表、会计报表的编制进行了单项技能实训,各单项实训中按照实训目的、实训常识、实训资料、实训要求、实训提示、实训思考的步骤进行介绍;下篇在上篇分项实训的基础上进行了综合模拟,通过制造业企业的经济业务进行了综合实训。通过实训,学生能够有效地将会计理论联系实际,了解会计凭证、会计账簿和会计报表之间的会计循环关系,充分认识到会计技能在企业经营活动中的重要作用,并培养进一步深入学习会计后续课程的学习兴趣,为将来从事会计工作或其他与会计相关工作打下坚实的基础。

本书的特色主要表现在3个方面。①上篇通过分模块实训的形式突出了对学生基本会计操作技术和能力的培养,而下篇通过综合案例的实训有利于学生将分模块实训所掌握的技能融会贯通,从而进一步全面提高其动手能力。②以仿真的某制造业企业连续的经济业务分别置于上篇和下篇之中,使本书的内容保持了连续性和一致性,增强了学生对企业会计循环连贯性的客观认识。③在本书编写过程中,不仅大量地模拟了企业印章,而且还设置了常规账簿账页,既增强学生实践过程中的感性认识,又为学生实践课程的顺利进行提供了方便。

本书适用于学生对会计学原理进行系统学习的基础上进行实践学习,本教程可供高等院校相关专业作为教材使用,也可供从事会计相关工作的人员作为参考用书使用。

需要说明的是,本书中涉及的实训单位名称、人名、印鉴、票据以及各项经济业务等,都是编者根据实训目的而设计的,望读者不要误解。

本书由大连财经学院博士生导师陈国辉教授、王文杰副教授主编,具体分工如下:陈国辉编写上篇的模块二、模块三、模块四;王文杰编写上篇的模块一、模块五和附录;耿慧敏教授、王晓云副教授编写下篇综合案例。本书第二版在第一版基础上进行了修改与完善,由于时间仓促,水平有限,本书难免存在疏漏与不足,恳请专家和读者批评指正。

编　者
2015 年 4 月

目 录

上篇　会计单项模拟实训 ··· 1

模块一　会计基本技能实训 ·· 1
实训一　正确填写票据和结算凭证的基本规定 ·· 1
实训二　财务票据、印章的管理 ·· 2

模块二　会计凭证的填制与审核技能实训 ··· 4
实训一　原始凭证的填制 ··· 4
实训二　原始凭证的审核 ·· 68
实训三　记账凭证的填制与审核 ·· 70
实训四　会计凭证的传递与保管 ·· 78

模块三　会计账簿的设置与登记技能实训 ·· 84
实训一　会计账簿 ·· 84
实训二　会计账簿的设置与登记 ·· 86
实训三　对账与结账 ··· 133
实训四　错账查找与更正 ·· 136
实训五　会计账簿的启用、更换与保管 ··· 139

模块四　银行存款余额调节表、试算平衡表的编制 ······························ 143
实训一　银行存款余额调节表的编制 ·· 143
实训二　试算平衡表的编制 ··· 147

模块五　会计报表的编制技能实训 ··· 152
实训一　资产负债表的编制 ··· 152
实训二　利润表的编制 ··· 161

下篇　综合实训 ··· 168

附录1　会计档案管理与会计交接制度 ·· 250
附录2　会计岗位责任制与会计职业道德 ·· 253

上篇// 会计单项模拟实训

模块一　会计基本技能实训

实训一　正确填写票据和结算凭证的基本规定

在会计模拟实训的过程中,需要填制各种各样的票据和结算凭证,对于这些票据和结算凭证的填写应符合以下要求。

(1)中文大写金额数字应用正楷或行书填写,如壹(壹)、贰(贰)、叁(叁)、肆(肆)、伍(伍)、陆(陆)、柒(柒)、捌(捌)、玖(玖)、拾、佰、仟、万、亿、元(圆)、角、分、零、整(或正)等字样。不得使用一、二(或两)、三、四、五、六、七、八、九、十、毛、另(或 0)填写,不得自造简化字,但金额数字书写中可以使用繁体字。

(2)中文大写金额数字到"元"为止的,在"元"之后,应写"整(或正)"字,在"角"之后可以不写"整(或正)"字。大写金额数字有"分"的,"分"后面不写"整(或正)"字。

(3)中文大写金额数字前应标明"人民币"字样,大写金额数字应紧接"人民币"字样填写,不得留有空白。大写金额数字前未印有"人民币"字样的,应加填"人民币"字样。

(4)阿拉伯小写金额数字中有"0"时,中文大写金额数字应按汉语语言规律、金额数字构成和防止涂改的要求进行书写。具体如下。

①阿拉伯数字中间有"0"时,中文大写金额要写"零"字。例如,"2806.30"应写成"人民币贰仟捌佰零陆元叁角"。

②阿拉伯数字中间连续有几个"0"时,中文大写金额中间可以只写一个"零"字。例如,"2008.35"应写成"人民币贰仟零捌元叁角伍分"。

③阿拉伯数字万位或元位是"0",或者数字中间连续有几个"0",元位也是"0",但千位、角位不是"0"时,中文大写金额中可以只写一个"零"字,也可以不写"零"字。例如,"203000.18"应写成"人民币贰拾万叁仟元零壹角捌分",或者写成"人民币贰拾万叁仟元壹角捌分"。

④阿拉伯数字角位是"0",而分位不是"0"时,中文大写金额"元"后面应写"零"字。例如,"482.06"应写成"人民币肆佰捌拾贰元零陆分"。

(5)表示金额时,阿拉伯数字前面,均应填写人民币符号"￥"。

(6)票据的出票日期必须使用中文大写。为防止编造票据的出票日期,在填写月、日时,月为壹、贰和壹拾的,日为壹至玖和壹拾、贰拾和叁拾的,应在其前面加"零";日为拾壹至拾玖的,应在其前面加"壹"。例如,"1 月 18 日"应写成"零壹月壹拾捌日","10 月 20 日"应写成"零壹拾月零贰拾日"。

(7)票据应按种类和顺序使用,填写内容必须与票据的使用范围相一致,不得超范围使用。

(8)填写票据时,必须写明名称、地址、填票日期,数字必须真实、准确、完整。填票人及收款人要签全名或盖私章。

(9)填写中不得随意更改,填写错误需要改正时,应将错误的文字和数字用红色直线划去,另填写正确的文字和数字,并加盖经办人的印章,以示负责;写坏作废时,要在作废的凭证上加盖"作废"戳记,全部保存,不得撕毁。

实训二　财务票据、印章的管理

票据作为会计核算的原始凭证、财务收支的重要依据,直接影响到会计核算的真实性与准确性。因此,票据管理在财务管理中起着举足轻重的作用。企业应当加强与货币资金相关的票据管理,明确各种票据的购买、保管、领用、背书转让、注销等环节的职责权限和程序,并设登记簿进行记录,防止空白票据的遗失和被盗用。

1. 收入原始凭证的管理

对收入原始凭证应该实行以下管理制度。

(1)印制和购买制度。各种发票、收据等原始凭证必须由各企业的财会部门统一印制或购买,并连续编号。财会部门要把每次印制或购入原始凭证的时间、本数、起讫号等内容登记在印制或购买的收入原始凭证登记簿上。在记录印制或购买费用明细账的摘要栏内,也要写明这些内容,以备考查。

(2)保管制度。各种收入原始凭证不能由财会部门的稽核人员、出纳人员保管,应由不直接经办货币资金收付业务的人员保管。保管人员应当定期核对未使用的空白收据发票,防止短缺。各企业在发票或收据的保管环节必须制定严格的内部会计控制制度,包括入库验收制度、台账报表制度、安全防护制度、岗位责任考核制度等。这些制度可归纳为"三清、四专、五防、六不准"。

"三清"是指发票或收据的保管要做到手续清、账目清、责任清。

"四专"是指派专人、使用专柜、专账、专表保管发票或收据。

"五防"是指在保管发票或收据的过程中,必须注意发票或收据的防火、防盗、防霉烂损毁、防虫蛀鼠咬、防丢失。

"六不准"是指:一不准相互转借、转让发票或收据;二不准出现账实不符现象;三不准擅自调账,一旦发生发票或收据溢余、短缺或其他各种损失事故,未经查明原因和未经有关授权批准,任何人不得擅自调账;四不准擅自处理发票或收据中出现的空白联和其他质量残次的无效联;五不准擅自销毁未满保管期限的已用发票或收据存根;六不准在发票或收据库房内违章堆放其他物品。

(3)票据发放管理制度。

①领用发票部门领购票据时,应先提出申请,说明领购票据的理由、用途、数量等,并盖章,经财会部门主管审批后,方可办理领购手续;领用票据部门应有专人负责领取,保证正确使用,妥善保管。

②各部门票据管理人员在领用和启用整本票据前,应先检查有无缺联、缺号或票据内项目有无差错,如有不妥,应立即办理退换手续。

③每本票据用完后,领用票据部门应将所收款项如数交财会部门入账,并将票据的存根整本交回财会部门,经核对无误后,方可换领新的票据。

④发放票据时,财会部门应按连续编号的顺序发放空白收入原始凭证,并在原始凭证登记簿上记录发放日期、起始号码、终止号码、票据份数。

⑤发放记录须由领用人员核对后签字。

(4)检查制度。企业应定期或不定期地检查收入原始凭证的使用、管理情况,发现问题要及时解决。检查内容包括:是否按票据号码顺序填写,填写项目是否齐全,全部联次是否一致复写,大小写金额是否相符,金额是否涂改过,是否执行核批的收费项目和收费标准,经办人是否签章等。

2. 银行票据的管理

企业采购材料物资或取得外部劳务供应时,除了在《现金管理暂行条例》中规定可以支付现金的业务,大多数支出都是通过银行办理支出业务。因此,企业应加强对银行票据的购买、保管、领用、背书转让、注销等的管理。银行票据的管理与收入原始凭证的管理类似,另外还须注意以下几点。

(1)每项银行票据的签发都必须经过授权的签署者审批并签发,有签署权的人员不得保管银行票据。

(2)银行票据的支出必须有经过核准的发票或其他必要的凭证作为书面证据。

(3)结算后在票据上加盖"已付讫"戳记,以防止重复付款。

(4)银行票据不得更改,任何有文字或数字更改的银行票据都应作废,并在作废的票据上加盖"作废"戳记。

(5)票据背书。对票据背书的要求是:背书人要在票据背面的背书人栏签章并记载背书日期,在被背书人栏背书时忘记记载背书日期,则应视为在票据到期日前背书。根据我国《票据法》的规定,背书转让票据,不得将票据金额部分转让或转让给两个以上的被背书人,即不允许部分背书。另外,背书转让不得附有条件。票据如果经过几次以上的背书转让,一般而言,在票据背面的背书记载应该前后衔接,即后一个背书人必须是前一栏的被背书人,这在《票据法》上称为背书连续,最后一个被背书人即持票人凭该连续背书主张票据权利。单位对外背书转让应履行授权批准手续。

3. 印章的管理

企业的任何一笔经济业务都需要签字盖章才可以结算,因此,在企业内部会计控制中,对印章的管理是一个很重要的环节。

(1)企业应该加强对预留银行印鉴的管理。财务专用章应由专人保管,个人名章必须由本人或其授权人保管。这两个章若共同使用,就可以将单位在银行开立的账户中的款项付出去,如果由一人保管,则加大了单位的货币资金的控制风险,所以应确保它们分别由不同的人保管。

(2)各类印章必须分处、专人保管使用,不得擅自将自己保管的印章交由他人保管,也不得私自接受他人保管使用的印章。

(3)各类印章必须严格按规定的业务范围和批准程序使用,不得乱用、错用。印章保管人应在监印中严格审查,注意内容,防止漏洞。

(4)有关人员因出差、短期出国而由他人暂时保管财务专用章或个人名章的,必须予以授权并进行记录,登记在案,以备查询;另外,要特别注意节假日期间、值班期间的票据和印章管理。

(5)各类印章平时不用时,放在上锁的铁皮箱内,做到"人走章走"。财务专用章和法人代表名章应放入保险柜,必须由双人持不同的钥匙同时开启才可以打开。

模块二　会计凭证的填制与审核技能实训

填制和审核会计凭证是会计核算的专门方法之一，同时也是会计工作的初始环节。本模块主要介绍会计凭证的填制和审核的要求与方法。通过本模块的实训过程，使学生了解企业的常见经济业务，熟悉原始凭证和记账凭证的填制与审核，重点掌握各种专用记账凭证的填制方法。

实训一　原始凭证的填制

实训企业背景资料

一、实训企业基本概况

企业名称：辽宁鑫源机械股份有限公司（以下简称鑫源公司）
企业类型：股份有限公司
法人代表：姜志鹏
注册资本：人民币 2 000 万元（其中：国家股占 30%，法人股占 70%）
注册地址：辽宁省沈阳市顺义路 21 号
联系电话：02455828128
公司营业执照编号：220109892365666
纳税人识别号：320288789541123
纳税人类型：一般纳税人
开户银行：工商银行顺义路支行
开户银行账号：320778815834045
经营范围：主要生产并销售机械设备输送机和装箱机
经营地址：辽宁省沈阳市顺义路 21 号
主要供应商：鞍山华星有限公司　纳税人识别号：320884331661323
　　　　　　　　　　　　　　　办公地址：光复路 33 号
　　　　　　　　　　　　　　　办公电话：04128871990
　　　　　　　　　　　　　　　开户银行：民生银行光复路支行

		开户银行账号:540775811872045
	抚顺联达有限公司	纳税人识别号:335522989675354
		办公地址:长兴路62号
		办公电话:04136602186
		开户银行:建设银行长兴路支行
		开户银行账号:513843383188656
主要客户:	锦州永丰有限公司	纳税人识别号:223557535412333
		办公地址:桃园路65号
		办公电话:04160218643
		开户银行:光大银行桃园路支行
		开户银行账号:578722258802711
	营口立邦有限公司	纳税人识别号:249878938722981
		办公地址:梓楠路32号
		办公电话:04179897543
		开户银行:中信银行梓楠路支行
		开户银行账号:243198955473234

二、实训企业相关部门及负责人

财务部部长:赵翔

会计主管:邢阳

会计:李丽

出纳:张丹

记账:孙晓丽、刘旭阳

稽核:王晓晨

仓库负责人:李浩

仓库保管员:孔飞

生产车间主任:赵萧

销售部部长:孟冉

三、实训企业的相关政策

1. 企业遵循的会计准则

公司所编制的财务报告符合《企业会计准则》的要求,真实、完整地反映了公司的财务状况、经营成果、现金流量和股东权益变动等有关信息。

2. 会计基础

公司以持续经营和权责发生制为会计基础,根据实际发生的交易和事项,按照财政部最新修订的《企业会计准则——基本准则》和其他各项具体准则的规定进行确认和计量,在此基础上编制公司财务报告。

3. 会计期间

自公历1月1日至12月31日止为一个会计年度。

4. 记账本位币
采用人民币为记账本位币。

5. 计量属性
公司在进行会计确认与计量过程中主要以历史成本作为计量属性，对特定的交易和事项可以采用可变现净值、重置成本、现值、公允价值作为计量属性。

6. 其他
(1) 原材料和库存商品的收发和结存按实际成本核算，发出存货的计价方法采用先进先出法。

(2) 按照备抵法计提坏账准备，具体采用应收账款余额百分比法计提，计提比例为年末应收账款余额的 5%。

(3) 本企业适用的增值税税率为 17%，城市维护建设税税率为 7%，教育费附加提取比率为 3%，企业所得税税率为 25%。

(4) 公司法定盈余公积计提比例为 10%，应付给投资者的利润依据股东会决议进行分配。

实训目的

通过填制原始凭证，掌握根据经济业务内容填制各种不同格式原始凭证的方法和技巧，熟悉各类业务应用的原始凭证种类、格式及填制的具体方法，加深对原始凭证有效性的认识。填制原始凭证时务必做到准确、清晰。

实训常识

一、原始凭证的概念

原始凭证是在经济业务发生时取得或填制，载明经济业务具体内容和完成情况的书面证明。它是进行会计核算的原始资料和主要依据。

原始凭证按其来源不同，可分为自制原始凭证和外来原始凭证两种。

自制原始凭证，是由本单位经办业务的部门和人员在执行或完成某项经济业务时所填制的凭证。自制原始凭证按其填制手续和内容不同，又可分为一次凭证、累计凭证和汇总原始凭证三种。

一次凭证，亦称一次有效凭证，是指只记载一项经济业务或同时记载若干项同类经济业务，填制手续一次完成的凭证。例如，转账支票(见表 2-1)、增值税专用发票(见表 2-2)等都是一次凭证。一次凭证只能反映一笔业务的内容，使用方便灵活，但数量较多，核算较麻烦。

上篇 会计单项模拟实训

表 2-1　　　　　　　　　　　　　　　转账支票

表 2-2　　　　　　　　　　　　　　增值税专用发票　　　　　　　　　　　　No

开票日期:年　月　日

购货单位	名　　称					纳税人登记号		
	地址、电话					开户银行及账号		
商品或劳务名称	规格型号	计量单位	数量	单价	金　额	税率(%)	税额
合　　计							
价税合计(大写)		拾　万　仟　佰　拾　元　角　分　¥					
销售单位	名　　称					纳税人登记号		
	地址、电话					开户银行及账号		

销货单位(章):　　　　　收款人:　　　　　复核:　　　　　开票人:

　　累计凭证,亦称多次有效凭证,是指连续记载一定时期内不断重复发生的同类经济业务,填制手续是在一张凭证中多次进行才能完成的凭证。例如,限额领料单(见表 2-3)就是一种累计凭证。使用累计凭证,由于平时随时登记发生的经济业务,并计算累计数,期末计算总数后作为记账的依据,所以能减少凭证数量,简化凭证填制手续。

表 2-3

（企业名称）
限额领料单

领料单位：加工车间　　　　　　　　　　　　　　　仓　库：2号
用　途：制造甲产品　　　　　　　　　　　　　　　计划产量：2000 台
　　　　　　　　　　　　　　　　　　　　　　　　单位消耗定额：0.5 千克/台

材料类别	材料编号	材料名称	规格	计量单位	单价	领料限额	全月实领	
							数量	金额
黑色金属	8303	圆钢	Φ3mm	千克	2	1000	950	1900

日期	请领			实发		代用材料			限额节余
	数量	领料单位负责人签章	领料人签章	数量	发料人签章	数量	单价	金额	
5	500	王克	赵明	500	李中				500
15	300	王克	赵明	300	李中				200
25	150	王克	赵明	150	李中				50

仓库负责人：徐东　　　　　　　　　　　　　　　　生产计划部门负责人：王欣

　　汇总原始凭证（亦称原始凭证汇总表），是根据许多同类经济业务的原始凭证定期加以汇总而重新编制的凭证。例如，月末根据月份内所有领料单汇总编制的领料单汇总表（亦称发料汇总表，格式见表 2-4），就是汇总原始凭证。汇总原始凭证可以简化编制记账凭证的手续，但它本身不具备法律效力。

表 2-4

（企业名称）
领料单汇总表
年　　月份

用途（借方科目）	上　旬	中　旬	下　旬	月　计
生产成本				
甲产品				
乙产品				
制造费用				
管理费用				
在建工程				
本月领料合计				

　　外来原始凭证，是指在经济业务发生时，从其他单位或个人取得的凭证。例如，供货单位开来的发货票，运输部门开来的运费收据，银行开来的收款或支款通知等都属于外来原始凭证。外来原始凭证一般都是一次凭证。

二、原始凭证的基本要素

　　经济业务的内容是多种多样的，记录经济业务的原始凭证所包括的具体内容也各不相同。但每一种原始凭证都必须客观地、真实地记录和反映经济业务的发生、完成情况，都必须明确有关单位、部门及人员的经济责任。这些共同的要求,决定了每种原始凭证都必须具备以下几方面的基本内容:(1)原始凭证的名称;(2)填制凭证的日期及编号;(3)接受凭证的单位名称;(4)经济业务的数量和金额;(5)填制凭证单位的名称和有关人员的签章。

有些原始凭证除了包括上述基本内容以外,为了满足计划、统计等其他业务工作的需要,还要列入一些补充内容。例如,在有些原始凭证上,还要注明与该笔经济业务有关的计划指标、预算项目和经济合同等等。

各会计主体根据会计核算和管理的需要,按照原始凭证应具备的基本内容和补充内容,即可设计和印制适合本主体需要的各种原始凭证。但是,为了加强宏观管理,强化监督,堵塞偷税、漏税的漏洞,各有关主管部门应当为同类经济业务设计统一的原始凭证格式。例如,由中国人民银行设计统一的银行汇票、本票、支票;由交通部门设计统一的客运、货运单据;由税务部门设计统一的发货票、收款收据等。这样,不但可使反映同类经济业务的原始凭证内容在全国统一,便于加强监督管理,而且也可以节省各会计主体的印刷费用。

三、原始凭证的填制

自制原始凭证的填制有三种形式:一是根据实际发生或完成的经济业务,由经办人员直接填制,如"入库单"、"领料单"等;二是根据账簿记录对有关经济业务加以归类、整理填制,如月末编制的制造费用分配表、工资结算汇总表等;三是根据若干张反映同类经济业务的原始凭证定期汇总填制,如各种汇总原始凭证等。

外来原始凭证,虽然是由其他单位或个人填制,但它同自制原始凭证一样,也必须具备为证明经济业务完成情况和明确经济责任所必需的内容。

尽管各种原始凭证的具体填制依据和方法不尽一致,但就原始凭证应反映经济业务、明确经济责任而言,其填制的一般要求有以下几个方面。

(一)记录真实

凭证上记载的经济业务,必须与实际情况相符合,绝不允许有任何歪曲或弄虚作假。对于实物的数量、质量和金额,都要经过严格的审核,确保凭证内容真实可靠。从外单位取得的原始凭证如有丢失,应取得原签发单位盖有"财务专用章"的证明,并注明原凭证的号码、所载金额等内容,由经办单位负责人批准后,可代作原始凭证;对于确实无法取得证明的,可由当事人写出详细情况,由经办单位负责人批准后,也可代作原始凭证。

(二)手续完备

原始凭证的填制手续,必须符合内部牵制原则的要求。凡是填有大写和小写金额的原始凭证,大写与小写金额必须相符;购买实物的原始凭证,必须有实物的验收证明;支付款项的原始凭证,必须有收款方的收款证明。一式几联的凭证,必须用双面复写纸套写,单页凭证必须用钢笔填写;销货退回时,除填制退货发票外,必须取得对方的收款收据或开户行的汇款凭证,不得以退货发票代替收据;各种借出款项的收据,必须附在记账凭证上,收回借款时,应另开收据或退回收据副本,不得退回原借款收据。经有关部门批准办理的某些特殊业务,应将批准文件作为原始凭证的附件或在凭证上注明批准机关名称、日期和文件字号。

(三)内容齐全

凭证中的基本内容和补充内容都要详尽地填写齐全,不得漏填或省略不填。如果项目填写不全,则不能作为经济业务的合法证明,也不能作为有效的会计凭证。为了明确经济责任,原始凭证必须由经办部门和人员签章。从外单位取得的原始凭证,必须有填制单位的公章或财务专用章;从个人取得的原始凭证,必须有填制人员的签名或盖章。自制原始凭证必须有经办部门负责人或其指定人员的签名或盖章。对外开出的原始凭证,必须加盖本单位的公章或财务专用章。

(四)书写规范

原始凭证上的文字,要按规定书写,字迹要工整、清晰,易于辨认,不得使用未经国务院颁布的简化字。合计的小写金额前要冠以人民币符号"￥"(用外币计价、结算的凭证,金额前要加注外币符号,如"HK＄"、"US＄"等),币值符号与阿拉伯数字之间不得留有空白;所有以元为单位的阿拉伯数字,除表示单价等情况外,一律填写到角分,无角分的要以"0"补位。汉字大写金额数字,一律用正楷字或行书字书写,如壹、贰、叁、肆、伍、陆、柒、捌、玖、拾、佰、仟、万、亿、元(圆)、角、分、零、整(正)。大写金额最后为"元"的应加写"整"(或"正")字断尾。

阿拉伯金额数字中间有"0"时,汉字大写金额要写"零"字,如￥1409.50,汉字大写金额应写成人民币壹仟肆佰零玖元伍角。阿拉伯金额数字中间连续有几个"0"时,汉字大写金额中可以只写一个"零"字,如￥6007.14,汉字大写金额应写成人民币陆仟零柒元壹角肆分。阿拉伯金额数字万位或元位是"0",或者数字中间连续有几个"0",元位也是"0",但千位、角位不是"0"时,汉字大写金额中可以只写一个"零"字,也可以不写"零"字,如￥1580.32,应写成人民币壹仟伍佰捌拾元零叁角贰分,或者写成人民币壹仟伍佰捌拾元叁角贰分;又如￥107000.53,应写成人民币壹拾万柒仟元零伍角叁分,或者写成人民币壹拾万零柒仟元伍角叁分。阿拉伯金额数字角位是"0",而分位不是"0"时,汉字大写金额"元"后面应写"零"字,如￥16409.02,应写成人民币壹万陆仟肆佰零玖元零贰分。

原始凭证记载的各项内容均不得涂改。原始凭证有错误的应当由出具单位重开或者更正,更正处应当加盖出具单位印章。对于支票等重要的原始凭证若填写错误,一律不得在凭证上更正,应按规定的手续注销留存,另行重新填写。

(五)填制及时

每笔经济业务发生或完成后,经办业务的有关部门和人员必须及时填制原始凭证,做到不拖延、不积压,并要按规定的程序将其送交会计部门。

四、银行转账结算方式知识的介绍

(一)银行结算账户及其分类

企业发生的经济业务必须及时地进行结算,结算方法分为现金结算和非现金结算。现金结算就是用企业的库存现金结算。企业可以直接以现金支付的款项是有限的,主要是零星支出、职工工资、个人劳务报酬等。企业必须按照国务院颁发的《现金管理暂行条例》规定的范围使用现金。

企业与其他单位的经济往来,除规定的范围可以使用现金结算外,其他均应通过开户银行进行转账结算即非现金结算。银行存款就是企业存放在银行或其他金融机构的货币资金。按照国家规定,凡是独立核算的企业都必须在当地开设账户,即单位银行结算账户。单位银行结算账户按用途分为基本存款账户、一般存款账户、专用存款账户和临时账户。

基本存款账户:是存款人因办理日常转账结算和现金收付需要开立的银行结算账户。它是存款人的主办账户,它是开立其他银行结算账户的前提。其他三类单位银行结算账户则作为其功能和作用的有益补充。存款人只能在银行开立一个基本存款账户。这是基本存款账户在四类单位银行结算账户中处于统驭地位的具体体现。存款人日常经营活动发生的资金收付以及工资、奖金的支取都应通过该账户办理。也就是该账户可以办理转账结算、现金结存和现金支取。

一般存款账户:是存款人因借款或其他结算需要,在基本存款账户开户银行以外的银行营业机构开立的银行结算账户。一般存款账户没有数量限制,存款人可以通过该账户办理转账结算和现金缴存,但不得办理现金支取。

专用存款账户:是存款人按照法律、行政法规对其特定用途资金进行专项管理和使用而开立的银行结算账户。设立专用存款账户,目的是为体现专户存储、专户管理、专款专用、专业监督的指导思想。专用资金种类有:基本建设资金,更新改造资金,财政预算资金,粮、油收购资金,证券交易结算资金,期权交易保证金,信托基金,政策性房地产开发资金,单位银行户备用金,住房基金,社会保障基金,金融机构存款同业资金,党、团、工会设在单位的银行机构经费,收入汇缴资金和业务支出资金及其他需要专项管理和使用的资金。对于专用存款账户,无开户数量限制。但同一存款人不能就同一性质资金在同一营业机构开立多个专用存款账户。

临时存款账户:是临时机构或存款人,因临时经营活动的需要,开设的账户。用于办理临时机构临时经营活动发生的资金收付。此类账户可按现金管理规定支取现金。其功能与基本账户有一定的相似之处,但有效期最长不超过2年。

(二)银行结算方式种类

根据中国人民银行有关支付结算办法规定,企业发生的收付业务,可以采用以下几种结算方式通过银行办理转账结算。银行各种结算方式的详细规定可见中国人民银行颁发的《支付结算办法》,在"中级财务会计"课中也要进行阐述,在此只作简单的介绍。

银行汇票:是指汇款人将款项交存当地银行,由银行签发给汇款人的持往异地办理转账结算或支取现金的票据。适用于异地单位和个人之间各种款项的结算。

商业汇票:是指收款人或付款人(或承兑申请人)签发,由承兑人承兑,并于到期日向收款人或背书人支付款项的票据。

商业汇票根据承兑人的不同,分为商业承兑汇票和银行承兑汇票。商业承兑汇票是指由收款人签发,经付款人承兑,或由付款人签发并承兑的票据。银行承兑汇票是指收款人或承兑申请人签发,并由承兑申请人向开户银行申请,经银行审查同意承兑的票据。

商业汇票作为一种商业信用,具有信用性强和结算灵活的特点。它适用于各企业单位之间根据购销合同进行延期付款或分期付款的商品交易行为,同城和异地均可使用。

银行本票:是指申请人将款项交存银行,由银行签发给申请人凭以办理转账结算或支取现金的票据。银行本票作为流通和支付手段,具有信誉度高,支付能力强,并有代替现金使用功能的特点。它适用于单位和个人在同城范围内的商品交易、劳务供应和其他款项的结算。

支票:是指银行的存款人签发给收款人办理结算,或者委托开户银行将款项支付给收款人的票据。支票按其支付方式不同,可分为现金支票和转账支票。现金支票用于支取现金;转账支票用于转账。

支票作为流通手段和支付手段,具有清算及时、使用方便、收付双方都有法律保障和结算灵活的特点。凡是单位和个人在同城的商品交易和劳务供应以及其他款项的结算均可使用支票。

信用卡:是指商业银行向个人和单位发行的,凭以向特约单位购物、消费和向银行存取现金,且具有消费信用的特制载体卡片。信用卡按使用对象分为单位卡和个人卡;按信誉等级分为金卡和普通卡。它适用于同城和异地的特约单位购物和消费。

汇兑:是指汇款人委托银行将其款项支付给外地收款人的结算方式。汇兑结算方式具有适用范围大、服务面广、手续简便、划款迅速和灵活易用的特点。它适用于异地单位和个人各种款项的结算。汇兑分为信汇、电汇两种,由汇款人选择使用。

委托收款:是由收款人向其开户银行提供收款依据,委托银行向付款人收取款项的一种结算方式。单位和个人凭已承兑商业汇票、债券、存单等付款人债务证明办理款项结算,均可以使用委托收款结算方式。同城、异地均可以使用它。委托收款结算款项的划回方式,分邮寄和电报两种,不受金额起点的限制。

托收承付:是根据购销合同由收款人发货后委托银行向异地付款人收取款项,由付款人向银行承认付款的一种结算方式。

这种结算方式适用于异地单位之间有经济合同的商品交易,以及因商品交易而产生的劳务供应等款项的结算。代销、寄销、赊销商品的款项,不得办理托收承付结算。

托收承付结算款项的划回方式,分邮寄和电报两种,由收款人选用。

(三)支票填制及使用要求

(1)签发支票的金额不得超过付款时在付款人处实有的存款余额。禁止签发空头支票、空白支票和远期支票。

(2)支票一律记名,可以背书转让。

(3)支票付款期为10天,但中国人民银行另有规定的除外。

(4)不得签发与其预留印章不符的支票。

(5)存款人领购支票必须填写"票据和结算凭证领用单"并签章。存款账户结清时必须将全部空白支票交回银行注销。

(6)签发支票时,必须使用钢笔或碳素墨笔填写,按支票簿排定的页数顺序填写,字体不能潦草也不能使用红色或易褪色的墨水。填写时应注意下列事项。

①"签发日期"应填写实际出票日期,不得补填或预填日期,填写日期必须使用汉字大写,并且在填写月、日时,若月为壹、贰的,日为壹至玖,应在其前面加"零",以防涂改。如1月18日应写为:零壹月壹拾捌日,1月20日应写为:零壹月贰拾日。对"收款单位(或收款人)名称"栏必须填写清楚,如系本单位自行提取现金可填为"本单位"。

②大、小写金额必须填写齐全相符,如有错误不得更改,应另行签发;其他各栏填错,可在改正处加盖预留印鉴之一,予以证明。另外,在小写金额前应加填货币符号,如人民币用"￥",美元用"$"等。

(7)"签发单位名称"栏,应填写清楚;签发单位签章处应按预留印鉴分别签章,即"企业财务专用章"和"法人代表章"或"企业财务主管人章",缺漏签章或签章不符时银行不予受理。

(8)作废的支票,不得扯去,应由签发单位自行注销,与存根折在一起注意保管,在结清销户时,连同未用空白支票一并缴还银行。

(9)存根联下端的"收款人签收年、月、日"栏,由收到支票的人员填写或签章。

(10)在实务工作中支票为一联,将无误的支票按虚线撕开后持正本向银行提取现金或转账,存根作企业记账的依据。

(11)收款人凭支票正本支取现金,须在支票背面背书(盖收款人的公章或名章、本人身份证号码等),持票到签发人的开户银行支取现金,并按照银行的需要交验证件。

一、实训企业2014年11月初的有关资料

1. 总账账户的期初余额资料

总分类账户期初余额表

2014年11月1日　　　　　　　　　　　　　　　　　　　单位:元

账户名称	借　方	贷　方
库存现金	1 045	
银行存款	2 895 938	
应收账款	7 749 300	
应收票据	208 000	
预付账款	166 320	
其他应收款	27 000	
原材料	4 286 960	
生产成本	897 620	
库存商品	5 426 800	
在建工程	500 000	
固定资产	30 072 395	
累计折旧		8 738 240
坏账准备		182 040
短期借款		1 600 000
应付账款		3 086 320
应付票据		100 000
预收账款		300 000
其他应付款		60 300
应交税费		4 118 858
应付职工薪酬		1 528 620

续表

账户名称	借方	贷方
应付股利		1 037 500
应付利息		10 500
长期借款		1 000 000
实收资本		20 000 000
资本公积		400 000
盈余公积		1 056 000
利润分配		4 112 500
本年利润		4 900 500
合计	52 231 378	52 231 378

2. 有关明细账户的期初余额资料

(1) "应收账款"明细账户期初余额

  应收账款——锦州永丰   4 239 300

     ——营口立邦   3 510 000

(2) "应付账款"明细账户期初余额

  应付账款——鞍山华星   1 170 000

     ——抚顺联达   1 916 320

(3) "生产成本"明细账户期初余额

  生产成本——输送机   450 000

     ——装箱机   447 620

其中：输送机产品成本中的直接材料费为 300 000 元，直接人工费为 100 000 元，制造费用为 50 000 元；装箱机产品成本中的直接材料费为 297 620 元，直接人工费为 95 000 元，制造费用为 55 000 元。

(4) "原材料"、"库存商品"明细账户期初余额

总账账户	明细账户	账页格式	计量单位	数量	单位成本	金额
原材料	方钢	数量金额式	千克	6 340	200	1 268 000
	圆钢	数量金额式	千克	25 158	120	3 018 960
	合计	—	—	—	—	4 286 960
库存商品	输送机	数量金额式	台	230	16 000	3 680 000
	装箱机	数量金额式	台	400	4 367	1 746 800
	合计	—	—	—	—	5 426 800

二、实训企业 2014 年 11 月份发生的经济业务

(1) 1 日,从华星公司购进方钢 1 000 千克,每千克 200 元,增值税进项税额为 34 000 元;购进圆钢 500 千克,每千克 120 元,增值税进项税额为 10 200 元。材料尚在运输途中。发票已到,全部款项尚未支付。

辽宁省增值税专用发票　　№ 4005010

开票日期：　　年　月　日

购货单位	名　　称：				密码区			
	纳税人识别号：							
	地址、电话：							
	开户行及账号：							

货物或应税劳务名称	规格型号	单位	数量	单价	金额	税率	税额

价税合计(大写)		小写

销货单位	名　　称：	备注
	纳税人识别号：	
	地址、电话：	
	开户行及账号：	

收款人：　　复核：　　开票人：李晓　　销货单位(章)

(2)3日,开出转账支票3 000元,用于支付上述材料方钢、圆钢运杂费,承运单位为顺丰物流公司,按材料重量分配运杂费。

公路、内河公路、内河货物运输业统一发票

开票日期：　年　月　日　　　　发　票　联　　　　　发票代码:221050540144
　　　　　　　　　　　　　　　　　　　　　　　　　发票号码:00008871

机打代码 机打号码 机器编号	（略）	税控码	（略）	
收货人及 纳税人识别号		承运人及 纳税人识别号		
发货人及 纳税人识别号		主管税务机关 及代码		
运输项目及金额		其他项目及金额		备注　（手写无效） 承运人盖章
运费小计		其他费用小计		
合计（大写）		（小写）		

开票人：

中国工商银行 转账支票存根 $\frac{BS}{02}$　11223301 附加信息 出票日期　年　月　日 收款人： 金　额： 用　途：	中国工商银行　**转账支票**　(辽) $\frac{BS}{02}$　11223301 出票日期(大写)　　　　　　　付款行名称： 收款人：　　　　　　　　　　出票人账号： 人民币 (大写) 　　　　　　　　　　　　　　亿千百十万千百十元角分 用途 _____ 上列款项请从 我账户内支付 出票人签章　　　　　复核　　　记账
单位主管　　会计	

(3)4日,上述材料方钢、圆钢验收入库,结转材料的采购成本。

原材料入库单

验收日期: 年 月 日　　　　编号:

品名	规格	单位	数量		实际价格				第三联 会计记账联
			订单数	实际数	单价	总价	运杂费	合计	
合计									
备注									

供销主管:　　　　　　　　验收主管: 李浩　　采购员:

(4)5日,收到长天公司捐赠的专利技术一项,确认价值为200 000元。

捐赠协议

为支持辽宁鑫源机械股份有限公司(简称乙方)的发展,大连长天机械制造有限公司(简称甲方)经协商决定:由甲方向乙方无偿捐赠专利技术一项,价值人民币贰拾万元整,并提供有关单据。本协议一式三份,自双方签字之日起生效。

甲方(捐赠人):　　　　(公章)
甲方代表:阎炎(签字)
乙方(受赠人):　　　　(公章)
乙方代表:姜志鹏(签字)
　　　　　　2014年11月5日

(5) 5 日，签发一张 3 个月到期的商业承兑汇票，偿还前欠联达公司货款 500 000 元。

商业承兑汇票

XX00000000

出票日期　年　月　日
（大写）

第　号

付款人	全　称			收款人	全　称											
	账　号				账　号											
	开户行		行号		开户行			行号								
出票金额	人民币（大写）						千	百	十	万	千	百	十	元	角	分
汇票到期日				交易合同号码												

承兑人签章

承兑日期　年　月　日

出票人签章

---

(6) 6 日，上月投入需安装的设备本月安装完毕，经验收合格交付使用，其实际成本（总造价）为 500 000 元。

固定资产验收单

年　月　日　　　　　　　编号：

名　称	规格型号	来　源	数　量	购(造)价	使用年限	预计残值
运杂费	总造价	建造单位	交工日期		附件	
			年　月　日			
验收部门		验收人员	赵萧	管理部门	管理人员	赵翔
备　注						

(7)7日,从工商银行取得6个月短期借款800 000元存入银行,月利率为1‰,本息到期一并支付(本公司按月计提利息)。

短期借款申请书

年　月　日

企业名称		法人代表		企业性质	股份有限公司
地址		财务负责人		联系电话	
经营范围		主管部门			
借款期限				申请金额	
主要用途及效益说明: 本公司近半年来,生产情况良好,产品销售情况有所好转,但由于回收货款较困难,特申请短期贷款。					
申请单位财务章:		信贷员意见:			
财务部负责人: 赵翔　经办人: 李丽		行主管领导:		信贷部门负责人:	

(8)7日,办公室赵敏从本市华联商场购买管理用办公用品支付现金800元。

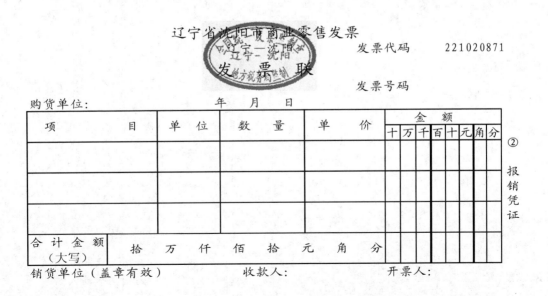

(9) 8日,生产车间生产输送机和装箱机分别领用方钢 2 000 千克,圆钢 5 000 千克。

领 料 单

领料单位:　　　　　　　　　　　　　　　　　　　　编号:
用　途:　　　　　　　年　月　日　　　　　　　　　仓库:

材料类别	材料编号	材料名称	规格	计量单位	数量		单价	金额
					请领	实发		

记账　　　发料 孔飞　　　领料单位负责人 赵萧　　　领料

领 料 单

领料单位:　　　　　　　　　　　　　　　　　　　　编号:
用　途:　　　　　　　年　月　日　　　　　　　　　仓库:

材料类别	材料编号	材料名称	规格	计量单位	数量		单价	金额
					请领	实发		

记账　　　发料 孔飞　　　领料单位负责人 赵萧　　　领料

(10) 9日，出纳员张丹签发现金支票，从银行提取现金1 000元，供零星开支使用。

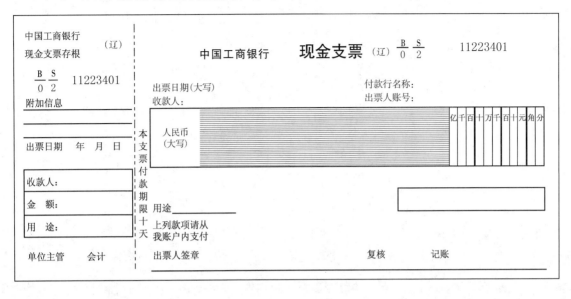

(11) 10日，银行转来收账通知，收到永丰公司前欠货款1 000 000元。

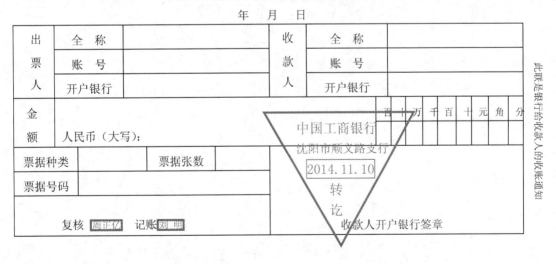

(12)11日,供应部员工李晨到长春出差,预借差旅费2 000元,以现金支票支付。

借 据

辽财会账证33号　　　　　　　　　年　月　日

借款单位	※	姓名	※	级别	※	出差地点	※	
事由	※		借款金额(大写)	※ ¥		天数	※	第三联 记账联
单位负责人签章 机关首长或授权人批示	姜志鹏印	借款人签章	李晨	注意事项	一、有※者由借款人填写 二、凡借用公款必须使用本单 三、第三联为正式借据由借款人和单位负责人签章 四、出差返回后三日内结算			
				审核意见				

中国工商银行　　（辽） 现金支票存根 $\frac{BS}{02}$　11223402 附加信息 ─────── 出票日期　年　月　日 收款人： 金　额： 用　途： 单位主管　会计	本支票付款期限十天	中国工商银行　　现金支票（辽）$\frac{BS}{02}$　11223402 出票日期(大写)　　　　　付款行名称： 收款人：　　　　　　　　出票人账号： 人民币(大写)　　　　　　亿千百十万千百十元角分 用途： 上列款项请从我账户内支付 出票人签章　　　　　　复核　　　记账

(13)12日,向立邦公司销售输送机50台,每台售价20 000元,发票注明该批输送机的价款1 000 000元,增值税额170 000元,款项尚未收到。

辽宁省增值税专用发票

№ 5005010

开票日期:

购货单位	名　　称:				密码区				
	纳税人识别号:								
	地址、电话:								
	开户行及账号:								
货物或应税劳务名称	规格型号	单位	数量	单价	金额	税率	税额
合　计							
价税合计(大写)					小写		
销货单位	名　　称:				备注				
	纳税人识别号:								
	地址、电话:								
	开户行及账号:								

收款人:　　　复核:　　　开票人:　　　　　销货单位:(章)

商　品　出　库　单

年　　月　　日

购货单位				提货单号		发票号		
货号	名称	型号规格	单位	数量		进货成本		提货方式
				发票	实付	单价	金额	
备注								

仓库负责人:　　　保管员:　　　提货人:

(14) 13日，通过红十字会向希望工程捐赠现金20 000元，款项通过银行进行划转。

中国工商银行电汇凭证（回单） NO: 0287350

委托日期　年　月　日　　　　　第　号

	全称			全称		
汇款人	账号或住址		收款人	账号或住址		
	汇出地点	汇出行名称		汇入地点	汇入行名称	
金额	人民币（大写）			千百十万千百十元角分		

汇款用途：

上列款项已根据委托办理，如需查询，请持此回单来行面洽。

汇出行盖章：中国工商银行 沈阳市顺义路支行 2014.11.13 转讫

此联给汇款人的回单

单位主管　会计　出纳　记账

(15) 14日，通过开户行上缴上月未缴增值税1 020 000元，并按照要求填写了增值税收缴款书。

税收通用缴款书

隶属关系：　　　　　　　№ 0352864

注册类型：　　　填发日期：　年　月　日　征收机关：

缴款单位（人）	代码		预算科目	编码	10103	
	全称			名称	股份制企业增值税	
	开户银行			级次		
	账号		收款国库	国库支库（工行顺义路支行）		

税款所属时期　　　　　　税款限缴时期

品目名称	课税数量	计税金额或销售收入	税率或单位税额	已缴或扣除额	实缴金额
金额合计					

上列款项已收妥并划收款单位帐户。

经办人（章）　　　填票人（章）　　国库（银行）盖章　　备注：征税专用章

第一联（收据）国库收款盖章后退缴款单位作完税

(16)15日,根据工资结算汇总表分配本月职工工资1 000 000元,其中,生产部门工人工资为600 000元(生产输送机车间工人工资320 000元、生产装箱机车间工人工资280 000元),生产部门管理人员工资为150 000元,行政管理人员工资为250 000元。

工资结算汇总表
年　月

单位人员类别	基本工资	加班工资	工种补贴	物价补贴	夜班津贴	奖金		缺勤减发工资		应付工资	代扣款项		实发工资
						综合奖	单项奖	事假旷工	病假		五险一金	个人所得税	
生产车间													
输送机车间工人													
装箱机车间工人													
管理人员													
小　计													
管理部门													
小　计													
合　计													

(17)16日,通过开户行工商银行直接将职工工资划转到职工工资卡中。

```
中国工商银行           （辽）         中国工商银行    转账支票 （辽） B S / 0 / 2    11223302
转账支票存根
 B S                                 出票日期(大写)：              付款行名称：
 ─ ─ ─  11223302                     收款人：                      出票人账号：
 0  2
附加信息                              人民币
                                      (大写)
出票日期  年  月  日
收款人：                              用途
金　额：                              上列款项请从
用　途：                              我账户内支付
单位主管    会计                      出票人签章          复核      记账
```

(18)17日,供应部李晨出差归来,经批准报销差旅费1 600元,余款退回。

差旅费报销单

部门						年 月 日									
姓名				出差事由		自 年 月 日 至 年 月 日 共 天									附单据共张
起讫时间及地点						车船票		夜间乘车补助费			出差乘补费		住宿费	其他	
月	日	起	月	日	讫	类别	金额	时间	标准	金额	日数	标准	金额	金额	项目 金额
小计															
合计金额(大写)															
单位领导:				财务主管:			审核:				填报人:				

(19)18日,归还到期的长期借款500 000元,该借款为2012年11月从中国民生银行借入的2年期借款。

偿还贷款凭证
年 月 日

借款单位名称		贷款账号		结算账号									
				千	百	十	万	千	百	十	元	角	分
金 额	人民币(大写):												
贷款种类		借出日期		原约定日期									
上列款项请由单位 账号内偿还到期贷款此致				单位会计分录 收入 付出 复核 记账 主管 会计									
借款单位签章		年 月 日											

(20)19日,开出转账支票一张,支付卓越广告公司广告费4 000元。

辽宁省沈阳市服务业统一发票

发票代码　221020971

发票联

发票号码

付款单位:		年	月	日								
项　　目	单 位	数 量	单 价	十	万	千	百	十	元	角	分	
合计金额(大写)	拾　　万　　仟　　佰　　拾　　元　　角　　分											

② 报销凭证

收款单位(盖章有效)　　　　收款人:　　　　开票人:

中国工商银行　　(辽)
转账支票存根
BS/02　11223303
附加信息
出票日期　年　月　日
收款人:
金　额:
用　途:
单位主管　会计

中国工商银行　　**转账支票**　(辽) BS/02　11223303
出票日期(大写)　　　　付款行名称:
收款人:　　　　　　　　出票人账号:
人民币(大写)　　　　　亿千百十万千百十元角分
用途_____
上列款项请从我账户内支付
出票人签章　　　　复核　　记账

上篇　会计单项模拟实训

(21)20日，向永丰公司销售装箱机40台，每件售价5 400元，发票注明该批装箱机的价款216 000元，增值税额36 720元，收到一张已承兑的5个月到期的商业汇票。

辽宁省增值税专用发票　　№ 5005011

记账联

开票日期：

购货单位	名　　称：				密码区			
	纳税人识别号：							
	地址、电话：							
	开户行及账号：							

货物或应税劳务名称	规格型号	单位	数量	单价	金额	税率	税额
合　计							

价税合计(大写)		小写	

销货单位	名　　称：		备注	
	纳税人识别号：			
	地址、电话：			
	开户行及账号：			

收款人：　　　　复核：　　　　开票人：　　　　销货单位：（章）

第四联　记账联

商　品　出　库　单

年　　月　　日

购货单位				提货单号			发票号		
货号	名称	型号规格	单位	数量		进货成本		提货方式	
				发票	实付	单价	金额		
备注									

仓库负责人：　　　　保管员：　　　　提货人：

商业承兑汇票

XX00000 32

出票日期　　年　月　日

付款人	全称		收款人	全称		第　号
	账号			账号		
	开户行	行号		开户行	行号	

| 出票金额 | 人民币（大写） | | 千 | 百 | 十 | 万 | 千 | 百 | 十 | 元 | 角 | 分 |

| 汇票到期日 | | 交易合同号码 | |

光大银行
锦州市桃园路支行
2014.11.20
转讫

承兑人签章

承兑日期　年　月　日　　　　　　　　　　　　　　出票人签章

(22)22日,发生销售商品过程中的运输保险费1 000元,向顺丰运输公司支付转账支票一张。

公路、内河货物运输业统一发票

发 票 联

发票代码:221050540156

开票日期: 年 月 日　　　　发票号码:00008889

机打代码 机打号码 机器编号	（略）	税控码	（略）
收货人及 纳税人识别号		承运人及 纳税人识别号	
发货人及 纳税人识别号		主管税务机关 及代码	
运输项目及金额		其他项目及金额	备注 （手写无效） 承运人盖章
运费小计		其他费用小计	
合计（大写）		（小写）	

开票人:

```
         中国工商银行
                          （辽）
         转账支票存根
        B   S
        ─   ─    11223304
        0   2
         附加信息
        ─────────────
        ─────────────
         出票日期  年 月 日
         ───────────
         收款人:
         金　额:
         用　途:
         ───────────
         单位主管    会计
```

(23)23日,为生产车间工人购买了人身保险金额10 000元,开具转账支票给平安保险公司。

中国平安保险公司保险费发票

发票代码:
发票号码:
年　月　日

交款人		付款方式	转账	支票	第二联客户联
交款事由		保险单号			
金额（大写）					
盖章：					

会计主管：　　　记账：　　　审核：　　　出纳：　　　经办

中国平安保险公司
辽宁分公司
财务专用章

中国工商银行
转账支票存根　　（辽）

$\dfrac{B\ \ S}{0\ \ 2}$　11223305

附加信息

出票日期　年　月　日

收款人：
金　额：
用　途：

单位主管　　会计

(24)24日,出纳员张丹签发现金支票,从银行提取现金1 000元,供零星开支使用。

```
         中国工商银行
                        (辽)
         现金支票存根

    B   S    11223403
    ─── ───
    0   2
       附加信息



    出票日期    年  月  日

    收款人:
    金  额:
    用  途:

    单位主管      会计
```

(25)25日,由于本公司违反税法相关规定,被税务局罚款2 000元,已开出转账支票支付。

```
         中国工商银行
                        (辽)
         转账支票存根

    B   S    11223306
    ─── ───
    0   2
       附加信息



    出票日期    年  月  日

    收款人:
    金  额:
    用  途:

    单位主管      会计
```

(26)26日,收到银行的付款通知单,发生本月水费2 200元,分配情况见水费分配表(其中车间发生水费1 600元,行政管理部门发生水费600元)。

水 费 分 配 表

年 月 日　　　　　　　　　　　　　　　　　　　　　　单位:元

应借科目	生产用水		管理用水	
	用水数量	分配金额	用水数量	分配金额
合 计				

(27)27日,接到银行通知,开户行已经支付本月管理部门电话费2 500元。

辽宁省电信公司沈阳市分公司电信业务专用发票

发 票 联 （手写无效）　　　№0527490

辽宁电信发票1　　　　　　　年　月　日

用户名称		电话号码		局编账号	
合计金额	人民币（大写）			金额人民币（小写）	
项目	国内长途		拨打GSM国内长途		
	区间通话费		乙类电话基本月租		
	169使用费		8163使用费		
	通话费周期:				

付款方式:　　　　　　　收款员:　　　　　　　收款单位:

(28)28日,委托银行支付市供电局电费5 000元,分配情况见电费分配表(其中,生产部门用电4 000元,管理部门用电1 000元)。

辽宁省电力有限公司沈阳供电公司电力销售专用发票
发票联

发票代码 121029552651
发票号码 03512185

开票日期：　年　月　日

收费号	(略)
客户名称	
地　址	
金　额 (超过壹佰万元无效)	

收费单位：(盖章有效)　　税号：21020211843754X　　开户行：工行中支　　收费员：
敬请留意背面"客户须知"　账号：3400200129003402859　开具后的存根联按顺序号装订成册　机打发票手开无效

电 费 分 配 表

年　月　日

单位：元

应借科目	生产用电		管理用电	
	用电数量	分配金额	用电数量	分配金额
合　计				

(29)29日,企业生产车间购买办公用品600元,以现金支付。

辽宁省沈阳市商业零售发票

发票代码　　221020873

发票联

发票号码

购货单位:				年　月　日			金　　额								
项　　目		单　位	数　量	单　价			十万	千	百	十	元	角	分		
合计金额(大写)		拾　万　仟　佰　拾　元　角　分													

销货单位(盖章有效)　　　　收款人:　　　　开票人:

②报销凭证

(30)30日,以现金支付客户招待费1 300元。

辽宁省沈阳市服务业统一发票

发票代码　　221020971

发票联

发票号码

付款单位:				年　月　日			金							
项　　目		单　位	数　量	单　价			十万	千	百	十	元	角	分	
合计金额(大写)		拾　万　仟　佰　拾　元　角　分												

收款单位(盖章有效)　　　　收款人:　　　　开票人:

②报销凭证

(31) 30 日，按规定提取应由本月负担的短期借款利息 23 000 元。

短期借款利息计算表

年　　月　　日

计算项目 借款种类	本金	利率	期限	利息

审核：王晓晨　　　记账：孙晓丽　　　制单：

---

(32) 月末摊销应由本月负担的厂房租金 20 000 元。

预付费用摊销明细表

年　　月　　日　　　　　　　　　　　　　　　　　　　单位：元

预付费用明细	预付费用总额	摊销期限	本月应摊销额	备注
厂房租金	240 000	1 年		
合计				

主管：　　　　　　审核：　　　　　　制表：

(33)30日,计提本月固定资产折旧,分别为管理部门40 000元,生产部门100 000元。

固定资产折旧计算表

年　　月　　日　　　　　　　　　　　　　　　　　单位:元

使用部门	类别	应提折旧固定资产原值	残值率	使用年限	月折旧额
生产车间	房屋				
	机器设备				
	小计				
管理部门	房屋				
	汽车				
	办公设备				
	小计				
合计					

(34)30日,按产品生产工时的比例分配结转本月制造费用(生产输送机占用机器工时数60 000个工时,生产装箱机占用机器工时数40 000个工时)。

制造费用分配表

年　　月　　日　　　　　　　　　　　　　　　　　单位:元

产品名称	分配标准(工时)	分配率	分配金额
合计			

(35)30日,计算并结转本月生产完毕的产成品输送机和装箱机,并验收入库。(本月投产的产品全部生产完毕,其中输送机为80台,装箱机为320台)

产品成本计算单

年　　月　　　　　　　　　　　　　　　　　　　　　　　单位:元

成本项目	输送机		装箱机	
	总成本	单位成本	总成本	单位成本
直接材料				
直接人工				
制造费用				
合计				

主管:　　　　　　审核:　　　　　　制单:

完工产品入库单

仓库:成品库　　　　　年　　月　　日　　　　　　　　　　单位:元

货号	产品名称	计量单位	数量	单位成本	金额	备注
合计						

记账:　　　　　　验收:　　　　　　仓库:　　　　　　交货:

(36)30日,根据本月销售商品出库单计算并结转本月产品的销售成本,分别为产品输送机成本每台16 000元,产品装箱机每台4 367元。

销售商品成本计算表

年　　月　　　　　　　　　　　　　　　　　　　　　　　单位:元

发票日期	发票号码	购货单位	销售成本
合计			

主管:　　　　　　审核:　　　　　　制单:

(37)30日,计算本月应负担的城建税及教育费附加,城建税税率为7%,教育费附加率为3%。

应交城建税、教育费附加计算表

年　　月　　日　　　　　　　　　　　　　　　　　　　　　单位:元

项目	计算基数	比例	金额
城市维护建设税			
教育费附加			

(38)30日,结转本月损益类账户发生额至"本年利润"。

损益类账户发生额表

年　　月　　　　　　　　　　　　　　　　　　　　　　　　单位:元

账户名称	借方发生额	贷方发生额	净发生额
合计			

主管:　　　　　　　　　审核:　　　　　　　　　制表:

实训操作者应进入"实战状态",严格按有关规定填制实训资料中的原始凭证,做到手续完备、内容完整、书写清楚。

1. 本业务中的操作流程

2. 在填制原始凭证时应注意的要求

(1)要求学生复习基础会计中有关原始凭证的内容,对原始凭证的种类、原始凭证的要素等应理解和掌握。

(2)填制原始凭证的具体要求是:真实可靠、内容完整、数字准确、填制及时、书写清晰。

(3)从外单位取得的原始凭证,必须盖有填制单位的公章;从个人处取得的原始凭证,必须有填制人员的签名或盖章;自制原始凭证必须有经办部门负责人或其指定人员的签名或盖章;对外开出的原始凭证,必须加盖本单位公章。

(4)实务中涉及的银行转账结算方式、增值税的基本内容及会计处理,基础会计中尚未学习,指导教师应将其基本内容简要给予介绍。

(5)实务资料列示了20项经济业务的全部原始数据。实务中要求学生正确填制原始凭证,引导学生辨别各联单据的不同用途,使学生了解上列各项业务中会计凭证传递的一般程序。

(6)借款单使用说明及传递流程。

借款单由借款单位填制,为一式三联,第一联存根、第二联交会计、第三联回执。

说明:

①借款人经有关部门领导人批准填写借款单,并送交财会部门办理借款手续;

②财会部门对借款单审核无误后准予借款,支付现金,或开现金支票由借款人去银行提现金,将借款回执退回借款人;

③在实务工作中使用的借款单一般是一式多联,用蓝色圆珠笔复写,也有单联的借款单。

(7)材料入库单使用说明及传递流程。

材料入库单由供销部门填制,为一式四联,第一联存根、第二联仓库记账、第三联交财会部门、第四联交统计部门。

说明:供销部门有关人员根据购货单位签发票和提货通知等凭证填写材料入库单,通知仓库办理验收入库;仓库验收入库后将材料入库单的第三联、第四联分别传递给财会部门和统计部门;财会部门据以办理货款结算和账务处理有关事项。

实务工作中材料入库单为一式多联,用蓝色圆珠笔复写。

(8)增值税及增值税专用发票的填写、使用。

增值税是就其货物或劳务的增值部分征税的一种税种。在中华人民共和国境内销售货物或者提供加工、修理修配劳务以及进口货物的单位和个人为增值税的纳税义务人。

目前,我国将纳税人按其经营规模大小及会计核算健全与否分为:一般纳税人和小规模纳税人。

一般纳税人应纳税额计算公式:

$$应纳税额＝当期销项税额－当期进项税额$$

小规模纳税人应纳税额计算公式:

$$应纳税额＝销售额×征收率$$

纳税人销售货物或者应税劳务,应当向购买方开具增值税专用发票,并在增值税专用发票上分别注明销售额和销售税额。属于下列情形之一,需要开具发票的,应当开具普通发票,不得开具增值税专用发票:①向消费者销售货物或者应税劳务;②销售免税货物;③小规模纳税人销售货物或者应税劳务。

增值税专用发票只限于一般纳税人领购使用,增值税的小规模纳税人和非增值税纳税人不得使用。凡经税务机关认定,取得增值税一般纳税人资格的企业必须按照当地税务机关的统一要求,纳入税控系统管理。2003年1月1日起,所有企业必须通过税控系统开具专用发票,同时全国统一废止手写版专用发票,纳入税控系统管理的企业,必须通过该系统开具专用发票;对使用非税控系统开具专用发票的,税务机关要按照《中华人民共和国发票管理办法》的有关规定进行处罚;对破坏、擅自改动,拆卸税控系统进行偷税的,要依法予以严惩。

增值税专用发票填写时应注意以下几点。

①按顺序号码使用,填写时,不得省略,不得涂改、挖补。作废的发票要加盖(或注明)"作废"字样,并把原有的各联附在存根联上。已用发票的存根,必须按规定的期限交税务部门验收。

②发票日期按公历用阿拉伯数字填写;单位名称填写全称,地址、电话不省略;纳税人识别号按全国统一的税务登记证件代码(15位数)填写。开户银行及账号按购货单位开户行名称和支票注明账号填写。

③"货物或应税劳务名称"栏可填写货物名称或应税劳务种类等,不同货物或应税劳务名称应分别填列,一份发票最多填写三种货物或应税劳务名称。

④"规格型号"、"单位"、"数量"栏应填写货物的规格型号、单位和数量。

⑤"金额"栏应填写不含税的销售额,在票面上反映的是数量乘单位的积。"金额合计栏"应填写本份发票所填开的不含税销售额之和,计量单位、数量、单位的合计栏不填写。

⑥"税率"栏应填写依据税收法规所确定的税率,税率合计栏不填写;"税额"栏,应填写金额乘税率所得的积;"税额合计"栏应填写本份发票税额合计数。

⑦"价税合计"栏应填写金额合计加税额合计之和,并用汉字大写数字和阿拉伯数字同时填写。

⑧"销货单位"和"名称"、"纳税人识别号"、"地址、电话"、"开户银行及账号"等可以事先填写,也可以按票面规格刻制出图章事先加盖,上述项目一经发生变化应立即变更。

⑨"收款人"栏由收款人(开票人)签字或盖章,姓名不得省略。"销货单位"栏应加盖在税务机关的发票发售部门预留印鉴的"发票专用章",第一联、第四联不用加盖。

⑩增值税专用发票各联的用途。

第一联:存根联,销货单位留存备查;

第二联:发票联,购货单位记账;

第三联:抵扣联,购货单位做抵扣税款凭证;

第四联:记账联,销货单位记账。

(9)进账单填制使用说明。

进账单是存款人向开户银行存入从外单位取得的转账支票等需委托银行收款时填制的单证,一般为一式三联。填好后连同转账支票正本送银行受理或收款后在回单或收款通知联上盖"已受理"或"转讫"(转账收讫)章,退给单位。企业根据收账通知联,做已收款记账依据。

进账单各联的用途如下。

第一联:银行交给收款人的回单,受理回单;

第二联:收款人开户银行作为贷方凭证;

第三联:银行给收款人的收账通知,收款人据此联记账。

(10)领料单使用说明及传递流程。

领料单由供销部门填制,为一式四联,第一联存根、第二联交仓库、第三联交会计、第四联交统计。

说明:领料部门按规定填写领料单(请领数量)送交仓库;仓库对领料单审核后发料(实发数量),并将领料单的第三、第四联分别送交财会部门和统计部门;财会部门根据交单进行价值核算。领料单有一单一料、一单多料和限额领料单多种格式。实务工作中领料单一般为一式多联,用蓝色圆珠笔复写。

(11)收据使用说明及传递流程。

说明:收款单位根据交款人交来的款项填写收据,应写明交款单位、交款的原因和数额;当面清点交款数额后,将收据给交款人收存。实务工作中收据一般是一式多联,用蓝色圆珠笔复写。

(12)企业差旅费的有关规定和差旅费报销单的填制说明。

①企业差旅费的有关规定。在实务工作中各单位的差旅费的有关规定不一,本实训企业辽宁鑫源公司的规定如下:途中公务补助每天标准40元;住宿费标准为每天120元;火车费、船费、长途汽车费及市内交通费等实报实销。

②差旅费报销单的填制说明。差旅费报销单是企业派出的公出人员返回单位而报销差旅费时填制的报销凭证。差旅费报销单为单联式,由报销人填制,然后交财会作为现金退补的依据。本单后应粘贴车票、住宿费发票等外来原始凭证。各种单证由出差人依据车船票、宿费收据等整理、归类填写,将原始票据附在报销单后面或将原始票据分类粘贴在粘贴纸上,附在报销单后。途中伙食补助费和住宿费按差旅费规定的标准计算、填写。

实训思考

一、经济业务发生后为什么要填制原始凭证?

二、填制原始凭证的具体要求有哪些?

三、填制原始凭证要注意哪些问题?

四、有的原始凭证为什么采用一式多联?

五、原始凭证为什么强调有关人员要签字盖章?

六、为什么要按标准字体书写会计数字?

实训二　原始凭证的审核

通过审核原始凭证,掌握审核原始凭证的要求与方法,熟悉审核原始凭证的一般要求及某些特殊规定,提高判断、鉴别原始凭证真实性、合法性、合理性的水平。

为了保证原始凭证内容的真实性和合法性,防止不符合填制要求的原始凭证影响会计信息的质量,必须由会计部门对一切外来的和自制的原始凭证进行严格的审核。审核内容主要包括以下两个方面。

1. 审核原始凭证所反映的经济业务是否合法、合规、合理

审核时应以国家颁布的现行财经法规、财会制度,以及本单位制定的有关规则、预算和计划为依据,审核经济业务是否符合有关规定,有无弄虚作假、违法乱纪、贪污舞弊的行为;审核经济活动的内容是否符合规定的开支标准,是否履行规定的手续,有无背离经济效益原则和内部控制制度的要求。

2. 审核原始凭证的填制是否符合规定的要求

首先应审核原始凭证是否具备作为合法凭证所必需的基本内容,所有项目是否填写齐全,有关单位和人员是否已签字盖章;其次要审核凭证中所列数字的计算是否正确,大、小写金额是否相符,数字和文字是否清晰等。

原始凭证的审核,是一项十分细致而严肃的工作,必须坚持原则,依法办事。对于不真实、不合法的原始凭证,会计人员有权不予受理,并要向单位负责人报告;对于记载不准确、不完整的原始凭证应予以退回,并要求按照国家统一的会计制度的规定更正、补充。原始凭证经审核无误后,才能作为编制记账凭证和登记明细分类账的依据。

实训一中实训企业 2014 年 11 月的 38 笔经济业务。

(1)要全面审核原始凭证,包括审核原始凭证的真实性、合法性和合理性。

(2)操作者要熟悉各种经济业务的有关政策、法令、制度、计划、合同、银行结算办法等相关规定,全面了解本单位业务经营情况,并以此作为审核原始凭证内容的主要依据。

(3)熟悉各类原始凭证应填制的内容、填制的规定,以审核原始凭证手续是否完备、是否合规。

(4)指出审核过程中所发现的问题。

(5)审核方式可以采取实训者互审的方式进行。

一、对原始凭证所记载的经济业务内容审核

主要审核凭证的真实性、合法性和合理性。

(1)审核原始凭证的真实性。审核原始凭证的基本内容——凭证的名称、接受凭证单位名称、填制凭证的日期、经济业务的内容、金额、填制单位和填制人员及有关人员的印章和名称、凭证的附件和凭证的编号等,是否真实和正确。凡有下列情况之一者不能作为正确的会计凭证:①未写接受单位名称或名称不符;②数量和金额计算不正确;③有关责任人员未签名或未盖章;④凭证联次不符;⑤有污染、抹擦、刀刮和挖补等涂改痕迹。

(2)审核原始凭证的合法性。凡有下列情况之一者不能作为合法的会计凭证:①多计或少计收入、支出、费用、成本;②擅自扩大开支范围,提高开支标准;③不按国家规定的资金渠道和用途使用资金、挪用资金进行基本建设;④巧立名目,虚报冒领,滥发奖金津贴、加班费、防护用品或实物,违反规定借出公款、公物;⑤套取现金,签发空头支票;⑥不按国家规定的标准、比例提取费用;⑦私分公共财物和资金;⑧擅自动用公款、公物请客送礼;⑨不经有关单位批准,购买、自制属于国家控制购买的商品。

(3)审核原始凭证的合理性。根据党和国家的路线、方针、政策和法规,从经营管理出发,按照厉行节约、反对浪费、提高经济效益的原则,审核经济业务的发生是否合理。

二、对原始凭证填写情况进行审核

主要检查项目填写是否完整,计算是否准确,手续是否完备。

(1)支票。主要审核支票种类是否正确,是否用碳素墨水书写,支票内容、开户行名称、签发人账号、收款人是否正确,用途是否合理,大小写金额是否一致,存根与正本是否相符,签章是否齐全。不准更改的内容是否更改了,允许更改的内容更改后是否加盖了印鉴等。

(2)借款单。主要审核审批人是否签名,大小写金额是否一致,借款人是否签名等。

(3)收据。主要审核交款人、款项内容是否正确,大小写金额是否一致,现金收讫章是否加盖等。

(4)发票。主要审核是否印有税务局监制章,购货单位、商品或劳务名称、金额计算是否正确,大小写金额是否一致,供应单位发票专用章是否加盖等。

(5)收料单。主要审核验收是否及时,收料单内容是否与发票一致,发票数量与实收数量是否一致,验收人是否签名等。

(6)领料单。主要审核金额计算是否正确,签名是否齐全等。

(7)现金存款单。主要审核收款人、账号及开户行名称是否正确,大小写金额是否一致等。

(8)转账进账单。主要审核收付款人、账号及开户行名称是否正确,进账单上的金额是否与支票一致,大小写金额是否一致等。

(9)增值税发票。主要审核增值税发票开具时的主要项目是否填写完整,特别是购货方和销货方名称、纳税人识别号、地址、电话、开户行及账号不能漏填或错填;税额和价税合计栏计算要正确;金额栏大小写要一致。购货方则应在上述要求基础上,审核发票是否为税务局统一格式;发票上销货方的财务印鉴是否清晰可辨;取得的发票是否为抵扣税款联和记账联。

(10)银行承兑汇票。主要审核银行承兑汇票应注意出票人和收款人全称、账号、开户行填列是否正确完整;票面金额是否正确;大小写是否一致;汇票出票日期及到期日是否正确。

一、对原始凭证必须进行审核的意义是什么?
二、对原始凭证要审核哪些内容?
三、审核原始凭证有哪些方法?
四、审核原始凭证的依据有哪些?
五、哪些原始凭证应退回补填更正?
六、哪些原始凭证应拒绝接受办理会计手续?

实训三　记账凭证的填制与审核

通过编制记账凭证,掌握根据原始凭证编制各种记账凭证的方法。熟悉凭证格式及每一种记账凭证的编制方法,提高操作者对经济业务的会计处理能力。通过审核记账凭证,掌握审核记账凭证的要求和方法,加深对记账凭证正确性和合规性的理解。

一、记账凭证的概念和分类

记账凭证是根据原始凭证进行归类、整理编制的会计分录凭证。它是登记账簿的直接依据。由于原始凭证种类繁多、格式不一,不便于在原始凭证上编制会计分录,据以记账,所以有必要将各种原始凭证反映的经济内容加以归类整理,确认为某一会计要素后,编制记账凭证。从原始凭证到记账凭证是经济信息转换成会计信息的过程,是会计的初始确认阶段。

记账凭证按其用途不同,可以分为专用记账凭证和通用记账凭证两类。

专用记账凭证,是指分类反映经济业务的记账凭证。这种记账凭证按其反映经济业务的内容不同,又可分为收款凭证、付款凭证和转账凭证。收款凭证和付款凭证是用来反映货币资金收入、付出业务的凭证。货币资金的收入、付出业务就是直接引起库存现金或银行存款增减变动的业务,如用现金发放职工工资、以银行存款支付费用、收到销货款存入银行等。转账凭证是用来反映非货币资金业务的凭证。非货币资金业务亦称转账业务,是指不涉及货币资金增减变动的业务,如向仓库领料、产成品交库、分配费用等。

通用记账凭证,是指用来反映所有经济业务的记账凭证。

专用记账凭证的一般格式,如表 2-5、2-6、2-7 所示。至于通用记账凭证,其一般格式与转账凭证相同,如表 2-8 所示。

表 2-5

(企业名称)

收 款 凭 证

借方科目：　　　　　　　　　年　月　日　　　　　　　　　　收字第　　号

摘　要	贷　方　科　目		金　额	记　账	附件　　张
	一级科目	二级或明细科目			
合　计					

会计主管　　　　　　记账　　　　　　出纳　　　　　　审核　　　　　　填制

表 2-6

(企业名称)

付 款 凭 证

贷方科目：　　　　　　　　　年　月　日　　　　　　　　　　付字第　　号

摘　要	借　方　科　目		金　额	记　账	附件　　张
	一级科目	二级或明细科目			
合　计					

会计主管　　　　　　记账　　　　　　出纳　　　　　　审核　　　　　　填制

表 2-7　　　　　　　　　　　　　　　（企业名称）
转 账 凭 证
年　月　日　　　　　　　　　　　　　　　转字第　号

摘　要	一级科目	二级或明细科目	借方金额	贷方金额	记　账
合　计					

附件　　张

会计主管　　　　　　记账　　　　　　审核　　　　　　填制

表 2-8　　　　　　　　　　　　　　　（企业名称）
通 用 记 账 凭 证
年　月　日　　　　　　　　　　　　　　　转字第　号

摘　要	一级科目	二级或明细科目	借方金额	贷方金额	记　账
合　计					

附件　　张

会计主管　　　　记账　　　　出纳　　　　审核　　　　填制

二、记账凭证的基本内容

记账凭证虽然种类不一,编制依据各异,但各种记账凭证的主要作用都在于对原始凭证进行归类整理,运用账户和复式记账方法,编制会计分录,为登记账簿提供直接依据。因此,所有记账凭证都应满足记账的要求,都必须具备下列基本内容:(1)记账凭证的名称;(2)填制凭证的日期和凭证的编号;(3)经济业务的内容摘要;(4)记账符号、账户(包括一级、二级或明细账户)名称和金额;(5)所附原始凭证的张数;(6)填制单位的名称及有关人员的签章。

三、记账凭证的填制

采用专用记账凭证时,收款凭证和付款凭证是根据有关现金、银行存款和其他货币资金收付业务的原始凭证填制。涉及银行存款和其他货币资金的收付业务,一般应以经银行盖章的单据(如送款单、收款通知、支款通知等)作为原始凭证。这样做是为了保证收付业务的可靠性,也便于同银行账核对。对于库存现金、银行存款和其他货币资金之间的收付业务(亦称相互划转业务),如从银行提取现金、把现金送存银行、开设外埠存款账户等,为避免重复记账,一般只编制付款凭证,而不再编制收款凭证。出纳人员对于已经收讫的收款凭证和已经付款的付款凭证及其所附的各种原始凭证,都要加盖"收讫"和"付讫"的戳记,以免重收重付。

转账凭证除了根据有关转账业务的原始凭证填制外,有的是根据账簿记录填制,如根据有关资产账户提取减值准备,将收入、费用类账户的月末余额转入"本年利润"账户,将"本年利润"账户的年末余额转入"利润分配"账户,以及更正账簿错误等。根据账簿记录编制的记账凭证一般没有原始凭证,所以并非所有的记账凭证都附原始凭证。

大中型企业的经济业务繁杂,记账凭证数量较多,为了简化登记总分类账的手续,可以在月内分数次把记账凭证进行汇总,编制汇总记账凭证或科目汇总表,然后据以登记总分类账。

汇总记账凭证分为汇总收款凭证、汇总付款凭证和汇总转账凭证三种。汇总收款凭证是根据收款凭证分别按现金和银行存款账户的借方设置,并按对应的贷方账户归类汇总。汇总付款凭证是根据付款凭证分别按现金和银行存款账户的贷方设置,并按对应的借方账户归类汇总。汇总转账凭证是根据转账凭证按账户的贷方设置,并按对应的借方账户归类汇总。这三种汇总记账凭证都应定期(如每五天或每旬)汇总一次,每月填制一张。为了便于汇总,对转账凭证的对应关系,要求保持一"借"一"贷"或一"贷"多"借",而不宜采用一"借"多"贷"。汇总记账凭证可以反映账户的对应关系,便于了解经济业务的来龙去脉,进而利于分析和检查。但是,汇总的工作量也较繁重。汇总记账凭证的一般格式如表 2-9、2-10、2-11 所示。

表 2-9　　　　　　　　　　　　　　汇总收款凭证

借方账户:　　　　　　　　　　　　年　月份　　　　　　　　　　　　第　号

贷方账户	金 额				记 账	
	(1)	(2)	(3)	合 计	借 方	贷 方

附注:(1)自____日至____日　　收款凭证共计____张
　　　(2)自____日至____日　　收款凭证共计____张
　　　(3)自____日至____日　　收款凭证共计____张

表 2-10   汇总付款凭证
贷方账户：   年   月份   第   号

借方账户	金		额		记	账
	(1)	(2)	(3)	合 计	借 方	贷 方

附注：(1) 自＿＿日至＿＿日   付款凭证共计＿＿张
     (2) 自＿＿日至＿＿日   付款凭证共计＿＿张
     (3) 自＿＿日至＿＿日   付款凭证共计＿＿张

表 2-11   汇总付款凭证
贷方账户：   年   月份   第   号

借方账户	金		额		记	账
	(1)	(2)	(3)	合 计	借 方	贷 方

附注：(1) 自＿＿日至＿＿日   转账凭证共计＿＿张
     (2) 自＿＿日至＿＿日   转账凭证共计＿＿张
     (3) 自＿＿日至＿＿日   转账凭证共计＿＿张

科目汇总表是根据收款凭证、付款凭证和转账凭证，按照相同的会计科目归类，定期(每五天或每旬)汇总填制。为了便于填制科目汇总表，所有记账凭证的账户对应关系应保持一借一贷,转账凭证在填制时最好复写两联,一联作为借方账户的转账凭证,另一联作为贷方账户的转账凭证。这样,就可简化汇总的手续,也能减少差错。同汇总记账凭证相比较,科目汇总表既可简化总分类账的登记手续,又能起到全部账户发生额的试算平衡作用,汇总的工作还比较简单。但它最大的缺点是无法反映账户的对应关系。科目汇总表的一般格式,如表2-12所示。

表2-12　　　　　　　　　　　　　科　目　汇　总　表

年　月　日至　日

账户名称	总账页数	本期发生额		记账凭证起讫号数
		借　方	贷　方	

各种记账凭证的填制,除严格按原始凭证的填制要求外,还应注意以下几点。

1. 摘要简明

记账凭证的摘要应用简明扼要的语言,概括出经济业务的主要内容。既要防止简而不明,又要避免过于繁琐。为了满足登记明细分类账的需要,对不同性质的账户,其摘要填写应有所区别。例如,反映原材料等实物资产的账户,摘要中应注明品种、数量、单价;反映现金、银行存款或借款的账户,摘要中应注明收付款凭证和结算凭证的号码,以及款项增减原因、收付款单位名称等。

2. 科目运用准确

填写会计科目时,必须按会计制度统一规定的会计科目填写,不得任意简化或改动,不得只写科目编号,不写科目名称;同时,二级和明细科目也要填列齐全。应"借"、应"贷"的记账方向和账户对应关系必须清楚;编制复合会计分录,应是一"借"多"贷"或一"贷"多"借",一般不编多"借"多"贷"的会计分录。

3. 连续编号

采用通用记账凭证,可按全部经济业务发生的先后顺序编号,每月从第1号编起;采用专用记账凭证,可按凭证类别分类编号,每月从收字第1号、付字第1号和转字第1号编起。若一笔经济业务需填制多张记账凭证的,可采用"分数编号法",即按该项经济业务的记账凭证数量编列分号。例如,某笔经济业务需编制三张转账凭证,凭证的顺序号为9时,这三张凭证的编号应分别为转字第$9\frac{1}{3}$号、$9\frac{2}{3}$号、$9\frac{3}{3}$号。每月末最后一张记账凭证的号旁边要加注"全"

字,以免凭证散失。

4. 附件齐全

记账凭证所附的原始凭证必须完整无缺,并在凭证上要注明所附原始凭证的张数,以便核对摘要及所编会计分录是否正确无误。若两张或两张以上的记账凭证依据同一原始凭证,则应在未附原始凭证的记账凭证上注明"原始凭证×张,附于第×号凭证之后",以便日后查阅。

四、记账凭证的审核

记账凭证是登记账簿的直接依据,为了保证账簿记录的正确性,以及整个会计信息的质量,记账前必须由专人对已编制的记账凭证进行认真、严格的审核。审核的内容主要有以下几个方面。

(1)审核记账凭证是否附有原始凭证,记账凭证的内容与所附原始凭证的内容是否相符,金额是否一致。

(2)审核凭证中会计科目的使用是否正确,二级或明细科目是否齐全;账户对应关系是否清晰;金额计算是否准确无误。

(3)审核记账凭证中有关项目是否填列齐全,有关人员是否签名盖章。

在审核中若发现记账凭证填制有错误,应查明原因,予以重填或按规定方法及时更正。只有经审核无误的记账凭证,才能据以记账。

实训资料

实训企业 2014 年 11 月份经济业务见实训一。

实训要求

实训操作者应进入"实战"状态,严格按有关规定编制记账凭证,做到内容完整、项目齐全、书写清楚。

实训提示

(1)本实训可使用通用记账凭证或专用记账凭证进行编制,一旦选定一种记账凭证,不能随意更改。

(2)使用专用记账凭证时,判断一项业务是编制收付款凭证还是编制转账凭证,应以该业务是否涉及现金和银行存款为依据。凡涉及现金和银行存款的业务需编制收付款凭证,不涉及现金和银行存款的业务编制转账凭证。

记账凭证可以根据每一张原始凭证填制,或者根据若干张同类原始凭证汇总填制,也可以根据原始凭证汇总表填制。

记账凭证必须附有原始凭证。如果一张原始凭证涉及几张记账凭证,可把原始凭证附在一张主要的记账凭证后面,在其他记账凭证上注明附有原始凭证的记账凭证的编号。如果一张原始凭证所列支出需要几个单位共同负担,应将其他单位负担的部分开给对方原始凭证分割单以进行结算。

结账、账项调整和更正错误的记账凭证，可以不附原始凭证。

(3) 使用专用记账凭证时，现金和银行存款之间相互划转的业务要编制付款凭证。定期对记账凭证进行汇总，并据以登记总账，既可以减少记账工作量，又可试算平衡。在会计实务中，记账凭证汇总主要采用科目汇总表和汇总记账凭证两种方式，这里主要介绍科目汇总表方式。

(4) 本业务中操作流程如下。

首先要对原始凭证进行全面的审核，经审核无误的原始凭证才能据以编制记账凭证，并审核编制的记账凭证。根据审核后的一定时期的记账凭证，按照相同科目归类，定期汇总编制，全部汇总到一张科目汇总表上，以方便记账。

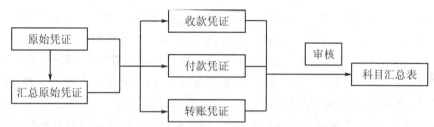

(5) 完整的记账凭证应包括日期、凭证编号、摘要、结算方式、票号、借方科目、贷方科目、金额、所附单据说明、制单人、审核人、记账人等项内容。对记账凭证应审核上述项目是否填列完整正确，相关人员是否签字盖章。如果借、贷方科目有二级子目，在编制记账凭证时要一并填列。记账凭证填列得越完整，今后查阅起来就越方便。

(6) 审核记账凭证还应注意所使用的会计科目以及科目之间的对应关系是否正确。通常情况下，可以一借多贷或一贷多借，但不能多借多贷。

已经登记入账的记账凭证，在当年内发现填写错误时，应用红字填写一张与原内容相同的记账凭证，在摘要栏内注明"注销某月某日某号凭证"字样，同时再用蓝字重新填制一张正确的记账凭证，注明"订正某月某日某号凭证"。如果会计科目没有错误，只是金额错误，也可以将正确数字与错误数字之间的差额另编一张调整的记账凭证。调增金额用蓝字，调减金额用红字。发现以前年度的错误，应用蓝字填制一张更正错误的记账凭证。

(7) 记账凭证上所附单据张数一栏要用大写数字填列。记账凭证金额栏的空白处要划掉，合计栏要用人民币符号封头。

一、为什么要编制记账凭证？
二、编制记账凭证的要求有哪些？
三、通用记账凭证与专用记账凭证各有什么优缺点？适用条件是什么？
四、对现金与银行存款之间相互划转的业务应如何编制记账凭证？
五、怎样审核记账凭证？
六、对记账凭证进行审核时主要审核什么？

实训四　会计凭证的传递与保管

一、会计凭证的传递

会计凭证的传递，是指凭证从取得或填制时起，经过审核、记账、装订到归档保管时止，在单位内部各有关部门和人员之间按规定的时间、路线办理业务手续和进行处理的过程。

正确、合理地组织会计凭证的传递，对于及时处理和登记经济业务，协调单位内部各部门、各环节的工作，加强经营管理的岗位责任制，实行会计监督，具有重要作用。例如，对材料收入业务的凭证传递，应明确规定：材料运达企业后，需多长时间验收入库，由谁负责填制收料单，又由谁在何时将收料单送交会计及其他有关部门；会计部门由谁负责审核收料单，由谁在何时编制记账凭证和登记账簿，又由谁负责整理或保管凭证等等。这样，既可以把材料收入业务从验收入库到登记入账的全部工作在本单位内部进行分工，并通过各部门的协作来共同完成，同时也便于考核经办业务的有关部门和人员是否按照规定的会计手续办事。

会计凭证的传递主要包括凭证的传递路线、传递时间和传递手续三个方面的内容。

各单位应根据经济业务的特点、机构设置、人员分工情况，以及经营管理上的需要，明确规定会计凭证的联次及其流程。既要使会计凭证经过必要的环节进行审核和处理，又要避免会计凭证在不必要的环节停留，从而保证会计凭证沿着最简捷、最合理的路线传递。

会计凭证的传递时间，是指各种凭证在各经办部门、环节所停留的最长时间。它应考虑各部门和有关人员在正常情况下办理经济业务所需时间来合理确定。明确会计凭证的传递时间，能防止拖延处理和积压凭证，保证会计工作的正常秩序，提高工作效率。一切会计凭证的传递和处理，都应在报告期内完成。否则，将会影响会计核算的及时性。

会计凭证的传递手续，是指在凭证传递过程中的衔接手续。应该做到既完备严密，又简便易行。凭证的收发、交接都应按一定的手续制度办理，以保证会计凭证的安全和完整。

会计凭证的传递路线、传递时间和传递手续，还应根据实际情况的变化及时加以修改，以确保会计凭证传递的科学化、制度化。

二、会计凭证的保管

会计凭证是各项经济活动的历史记录，是重要的经济档案。为了便于随时查阅利用，各种会计凭证在办理好各项业务手续并据以记账后，应由会计部门加以整理、归类，并送交档案部门妥善保管。

1. 会计凭证的整理归类

会计部门在记账以后，应定期（一般为每月）将会计凭证加以归类整理，即把记账凭证及其所附原始凭证，按记账凭证的编号顺序进行整理，在确保记账凭证及其所附原始凭证完整无缺后,将其折叠整齐,加上封面、封底,装订成册,并在装订线上加贴封签,以防散失和任意拆装。在封面上要注明单位名称、凭证种类、所属年月和起讫日期、起讫号码、凭证张数等。会计主管或指定装订人员要在装订线封签处签名或盖章,然后入档保管。

对于那些数量过多或各种随时需要查阅的原始凭证,可以单独装订保管,在封面上注明记账凭证的日期、编号、种类,同时在记账凭证上注明"附件另订"。各种经济合同和重要的涉外文件等凭证,应另编目录,单独登记保管,并在有关记账凭证和原始凭证上注明。

2. 会计凭证的造册归档

每年的会计凭证都应由会计部门按照归档的要求,负责整理立卷或装订成册。当年的会计凭证,在会计年度终了后,可暂由会计部门保管一年,期满后,原则上应由会计部门编造清册并移交本单位档案部门保管。档案部门接收的会计凭证,原则上要保持原卷册的封装,个别需要拆封重新整理的,应由会计部门和经办人员共同拆封整理,以明确责任。会计凭证必须做到妥善保管,存放有序,查找方便,并要严防毁损、丢失和泄密。

3. 会计凭证的借阅

会计凭证原则上不得借出,如有特殊需要,须报请批准,但不得拆散原卷册,并应限期归还。需要查阅已入档的会计凭证时,必须办理借阅手续。其他单位因特殊原因需要使用原始凭证时,经本单位负责人批准,可以复制。但向外单位提供的原始凭证复印件,应在专设的登记簿上登记,并由提供人员和收取人员共同签名或盖章。

4. 会计凭证的销毁

会计凭证的保管期限,一般为15年。保管期未满,任何人都不得随意销毁会计凭证。按规定销毁会计凭证时,必须开列清单,报经批准后,由档案部门和会计部门共同派员监销。在销毁会计凭证前,监督销毁人员应认真清点核对,销毁后,在销毁清册上签名或盖章,并将监销情况报本单位负责人。

实训资料

实训一、二、三经济业务的原始凭证与记账凭证。

会计凭证整理封面

年度： 凭证名称： 卷号：

本月共　　　　　　　册之第　　　　　　　册

本册号数：自　　　　　号起至　　　　　　号

本册日期：自　　　月　　　日起至　　　月　　　日止

单位名称：　　　　会计主管：　　　　会计：　　　　装订：

抽 出 凭 证 登 记 表

抽出日期	抽出凭证张数、号数				抽出理由	抽出人盖章	会计主管盖章	归还日期	备注
	记账凭证编号	名称	张数	金额					

(1)正确装订会计凭证。

对已登完账的会计凭证,应定期装订成册。装订时,按照记账凭证类别(收款凭证、付款凭证、转账凭证)或不分类综合编号进行排列,连同记账凭证所附原始凭证一并装订成册,加盖装订封面和封底,并在全部被装订凭证左边封上包封纸后装订。装订后,应由装订人员注明一定时期内共装订几本,此本是第几本,并标明凭证起止号数、起止日期、装订日期、装订人员姓名,还要加盖单位公章。最后,经编号后归档保管。

对需要经常查阅的原始凭证,如工资单、奖金表、车辆维修单等,可以另行保存,单独装订成册;对数量过多的原始凭证,如领料单、发货票、医药费报销单等,也可以归类汇总后单独装订成册,并予以注明。

(2)将本月记账后的会计凭证按规定要求装订成册。

一、怎样装订记账凭证?

二、哪些会计凭证可以单独装订?

模块三　会计账簿的设置与登记技能实训

账簿记录是编制会计报表的主要依据。登记账簿是会计核算的专门方法之一。本模块主要阐述账簿的格式与登记方法、错账的更正技巧,以及对账和结账等问题。通过本模块的学习,使学生了解总分类账、明细分类账、特种日记账的常见格式及其适用范围,熟悉各种账簿的登记依据和登记方法,重点掌握错账的更正方法以及结账的含义和结账工作所包括的内容。

实训一　会计账簿

一、会计账簿的含义

在会计核算工作中,每项经济业务发生以后,首先要取得或填制会计凭证,并加以审核确认,然后据以在有关账户中进行登记。所谓会计账簿是指以会计凭证为依据,序时、连续、系统、全面地记录和反映企业、机关和事业等单位全部经济活动的簿籍。该簿籍是由若干具有专门格式,又相互联结的账页组成的。账页一旦标明会计科目,这个账页就成为用来记录该科目所核算内容的账户。也就是说,账页是账户的载体,会计账簿则是若干账页的集合。根据会计凭证在有关账户中进行登记,就是指把会计凭证所反映的经济业务内容记入设立在账簿中的账户,即通常所说的登记账簿,也称记账。

二、会计账簿的作用

设置会计账簿是会计工作的一个重要环节,登记账簿则是会计核算的一种专门方法。科学地设置账簿和正确地登记账簿对于全面完成会计核算工作具有重要意义。

(一)会计账簿是对会计凭证资料的系统总结

在会计核算中,通过会计凭证的填制和审核,可以反映和监督每项经济业务的完成情况。一张会计凭证只能反映一项或几项经济业务,所提供的信息是零星的、片断的、不连续的,不能把某一时期的全部经济活动完整地反映出来。而账簿既能够提供总括的核算资料,又能够提供详细的明细分类资料;既能够提供分类核算资料,又能够提供序时核算资料,进而反映经济活动的轨迹,这对于企业、单位加强经济核算、提高管理水平、探索资金运动的规律具有重要的作用。

(二)会计账簿是考核企业经营情况的重要依据

通过登记账簿,可以发现整个经济活动的运行情况,完整地反映企业的经营成果和财务状况,评价企业的总体经营情况;同时,可以监督和促进各企业、各单位遵纪守法、依法经营。

(三)会计账簿是会计报表资料的主要来源

企业定期编制的资产负债表、利润表、现金流量表等会计报表的各项数据均来源于账簿的记录。企业在编制财务情况说明书时,对于生产经营状况、利润实现和分配情况、税金缴纳情况、各种财产物资变动情况的说明,都必须以账簿记录的数据为依据。从这个意义上说,账簿的设置和登记是否准确、真实、齐全,直接影响到财务报告的质量。

三、会计账簿的种类

账簿的种类繁多,不同的账簿,其用途、形式、内容和登记方法都各不相同。为了更好地了解和使用各种账簿,有必要对账簿进行分类。在实际工作中,人们使用最多的有以下两种分类方法。

1. 按照会计账簿的用途分类

账簿按照用途的不同可以分为三大类,即序时账簿、分类账簿和备查账簿。

(1)序时账簿,也称日记账,是按照经济业务完成时间的先后顺序进行逐日逐笔登记的账簿。在古代会计中也把它称之为"流水账"。日记账又可分为普通日记账和特种日记账。普通日记账是将企业每天发生的所有经济业务,不论其性质如何,按其先后顺序,编成会计分录记入账簿;特种日记账是按经济业务性质单独设置的账簿,它把特定项目按经济业务顺序记入账簿,反映其详细情况,如库存现金日记账和银行存款日记账。特种日记账的设置,应根据业务特点和管理需要而定,特别是那些发生频繁、需严加控制的项目,应予以设置。

(2)分类账簿,是对全部经济业务按总分类账和明细分类账进行分类登记的账簿。总分类账簿,简称总账,是根据总账科目开设账户,用来分类登记全部经济业务,提供总括核算资料的账簿。明细分类账簿,简称明细账,是根据总账科目所属明细科目开设账户,用以分类登记某一类经济业务,提供明细核算资料的账簿。

(3)备查账簿,又称辅助账簿,是对某些在日记账和分类账等主要账簿中未能记载的会计事项或记载不全的经济业务进行补充登记的账簿。所以,备查账簿也叫补充登记簿。它可以对某些经济业务的内容提供必要的参考资料。备查账簿的设置应视实际需要而定,并非一定要设置,而且没有固定格式。

2. 按照会计账簿的装订方式分类

会计账簿按照装订方式的不同可以分为订本式账簿、活页式账簿和卡片式账簿等。

(1)订本账,是把具有一定格式的账页加以编号并订成固定本册的账簿。它可以避免账页的散失或被抽换,但不能根据需要增减账页。一本订本账同一时间只能由一人记账,不便于会计人员分工协作记账,也不便于计算机打印记账。但特种日记账,如库存现金日记账、银行存款日记账以及总分类账必须采用订本账。

(2)活页账,是把零散的账页装在账夹内,可以随时增添账页的账簿。它可以根据需要灵活添页或排列,但账页容易散乱丢失。活页账由于账页并不事先固定装订在一起,同一时间可以由若干会计人员分工记账,也便于计算机打印记账。一般明细账都采用活页账。

(3)卡片账,是将硬卡片作为账页,存放在卡片箱内保管的账簿。它实际上是一种活页账。为了防止因经常抽取造成破损而采用硬卡片形式,可以跨年度使用。如固定资产明细账常采用卡片账。

实训二　会计账簿的设置与登记

通过登记库存现金日记账、银行存款日记账、材料明细账、应收款和应付款明细账、生产成本明细账、管理费用明细账、总分类账的实训,掌握登记日记账、一般明细账和总账的方法。

一、会计账簿的设置要求与基本内容

1. 账簿的设置要求

每一个会计主体需要设置哪些账簿,应当根据经济业务的特点和管理上的需要来确定。设置账簿应当符合以下要求。

(1)账簿的设置要能保证系统、全面地反映和监督经济活动的情况,满足经济管理的需要,为经济管理提供总括的核算资料和明细的核算资料。

(2)账簿的设置要能保证组织严密,各账簿之间既要有明确的分工,又要有密切的联系,考虑人力和物力的节约,力求避免重复或遗漏。

(3)账簿的格式应简便适用,便于登记、查找、更正错误和保管。

2. 账簿的基本内容

由于管理的要求不同,所设置的账簿也不同,各种账簿所记录的经济业务也不同,其形式也多种多样,但所有账簿一般都应具备以下基本内容。

(1)封面。写明账簿名称和记账单位名称。

(2)扉页。填明启用的日期和截止的日期,页数,册次,经管账簿人员一览表和签章,会计主管签章,账户目录等。

(3)账页。账页的基本内容包括:①账户的名称(一级科目、二级或明细科目);②记账日期;③凭证种类和号数栏;④摘要栏;⑤金额栏;⑥总页次和分户页次等。

二、会计账簿的登记规则

登记账簿必须按以下要求进行。

(1)账簿必须根据审核无误的会计凭证连续、系统地登记,不能错记、漏记和重记,并将会计凭证的序号记入账簿。在记账时必须使用会计科目、子目、细目的全称,不得简化。

(2)登记账簿时必须使用钢笔,用蓝黑或黑墨水登记,不能使用圆珠笔和铅笔,红墨水只能在结账划线、改错和冲账时使用,以防篡改。

(3)各种账簿必须按照事先编定的页码连续登记,不能隔页、跳行,如果不慎发生类似的情况,应在空页或空行处用红墨水划对角的叉线,并注明此页或此行空白,而且要加盖印鉴,不得任意撕毁或抽换账页。

(4)登账时或登账后如果发现差错,应根据错误的具体情况,按照更正错账的方法进行更正,不得刮擦、挖补、涂改和用褪色药水更改字迹,应保持账簿和字迹清晰、整洁。

(5)摘要栏的文字应简明扼要,并采用标准的简化汉字,不能使用不规范的汉字;金额栏的数字应该采用阿拉伯数字,并且对齐位数,注意"0"不能省略和连写;数字和文字一般应书写在行距下方的二分之一处,为更正错误留有余地。

(6)每登满一页账页,应该在该页的最后一行加计本页的发生额及余额,在摘要栏中注明"过次页",并在下一页的首行记入上页的发生额和余额,在摘要栏内注明"承前页",以便对账和结账。

三、日记账的格式与登记

1. 普通日记账的格式与登记

普通日记账一般只设置借方和贷方两个金额栏,以便分别记入各项经济业务所确定的账户名称及其借方和贷方的金额,也称为两栏式日记账,或叫分录簿。其格式如表3-1所示。

表 3-1　　　　　　　　　　　　普通日记账　　　　　　　　　　　　单位:元

2014年		凭证号数	摘　要	对应账户	金　额		过账
月	日				借方	贷方	
5	13	略	购入材料,价税款未付	在途物资 应交税费 应付账款	50 000 8 500	58 500	
	23		偿还前欠款	应付账款 银行存款	58 500	58 500	
			……				

采用这种日记账,每天应按照经济业务完成时间的先后顺序,逐笔进行登记。登记时,首先记入经济业务发生的具体时间,如2014年5月13日等;其次,在摘要栏里写下经济业务的

简要说明;再次,在对应账户栏里记入应借或应贷的账户名称即会计科目;最后,将借方金额和贷方金额分别记入两个金额栏内。除了上述登记外,每天还应根据日记账中应借和应贷的账户名称和金额登记总分类账。

2. 特种日记账的格式与登记

特种日记账是专门用来登记某一类经济业务的日记账,它是普通日记账的进一步发展。常用的特种日记账主要有库存现金日记账和银行存款日记账。

(1)库存现金日记账。

库存现金日记账是顺序登记库存现金收、付业务的日记账。它由出纳人员根据审核无误的有关收款凭证和付款凭证,序时逐日逐笔地登记。其中根据现金收款凭证(如果是到银行提取现金业务,应是根据银行存款的付款凭证)登记收入金额,根据现金付款凭证登记支出金额。每日业务终了应分别计算出库存现金收入和支出合计数并结出账面余额。其计算公式为:

日余额=上日余额+本日收入额-本日支出额

结出日余额后,还应将账面余额数与库存现金实有数相核对,检查每日库存现金收、支、存的情况,做到日结日清。对于从银行提取现金这样的业务,为了避免重复记账,可以规定填制减少方的凭证,即银行存款付款凭证,并根据银行存款付款凭证登记库存现金日记账的收入金额。

库存现金日记账除了三栏式外,也可采用多栏式,即在收入和支出栏内进一步设对方科目,亦即在收入栏内设应贷科目(借方为库存现金),在支出栏内设应借科目(贷方为库存现金)。库存现金日记账的格式如表3-2所示。

表 3-2 库存现金日记账 单位:元

2014年		凭证号数	摘要	对方账户	收入	支付	余额
月	日						
5	1	略	月初余额				500
	8	略	从银行提取现金	银行存款	16 000		16 500
	13	略	购买办公用品	管理费用		10 000	6 500

(2)银行存款日记账。

银行存款日记账是用来序时反映企业银行存款的增加、减少和结存情况的账簿。该账簿由出纳人员根据银行存款的收款和付款凭证序时逐日逐笔登记,每日终了结出该账户全日的银行存款收入、支出合计数和余额,并定期与银行对账单对账(核对方法是通过编制银行存款余额调节表来进行的,详见本书模块四)。银行存款日记账的登记方法与库存现金日记账的登记方法基本相同。银行存款日记账的格式一般为三栏式,但也可以采用多栏式。三栏式银行存款日记账的格式如表3-3所示。

表 3-3　　　　　　　　　　　　　银行存款日记账　　　　　　　　　　　单位:元

2014年		凭证号数	摘要	对方账户	收入	支付	余额
月	日						
5	1	略	月初余额				80 000
	5	略	从银行提取现金	库存现金		16 000	64 000
	9	略	收回货款	应收账款	30 000		94 000
	12	略	归还短期借款	短期借款		40 000	54 000
			……				

设置特种日记账,既能减少根据日记账过入总分类账的过账工作量,又能减少登记总账的工作量。另外,还可以根据管理的不同要求设置相关的日记账,而且这些日记账同一时间可以由不同的会计人员进行登记,既便于会计人员分工协作,还可以提高记账效率和明确记账责任。

四、分类账簿的格式与登记

分类账分为总分类账和明细分类账两种。

1. 总分类账

总分类账是按一级会计科目设置,提供总括资料的账簿。总分类账簿只能应用货币作为计量单位。其最常用的格式为三栏式,即分为借方金额、贷方金额、余额三栏。总分类账可以按记账凭证逐笔登记,也可以将记账凭证汇总进行登记,还可以根据多栏式日记账在月末汇总登记。总之,其登记方法主要取决于所采用的会计账务处理程序。三栏式总账的格式如表3-4所示。

表 3-4　　　　　　　　　　　　　库存商品总账　　　　　　　　　　　　单位:元

2014年		凭证		摘要	借方	贷方	借或贷	余额
月	日	种类	号数					
5	1			月初余额			借	120 000
	5			完工入库	20 000		借	140 000
	11			销售发出		5 000	借	135 000
				……				
	30			本月合计	40 000	44 000		
	30			月末余额			借	116 000

2. 明细分类账

明细分类账是登记某类经济业务详细情况的账簿,它既可以反映资产、负债、所有者权益、收入、费用等价值变动情况,又可以反映资产等实物量增减情况。明细分类账的格式主要是根据它所反映的经济业务的特点,以及实物管理的不同要求来设计的。明细分类账应根据原始凭证或原始凭证汇总表登记,也可以根据记账凭证登记。其主要格式有以下三种。

(1)三栏式明细账。

三栏式明细账,主要适用于只反映金额的经济业务,它一般记录只有金额而没有实物量的经济业务,如应收账款、应付账款、预收账款、预付账款、其他应收款、其他应付款等。三栏式明细账的格式如表3-5所示。

表3-5　　　　　　　　　　　　　　　应收账款明细账
二级科目或明细科目:华丰公司　　　　　　　　　　　　　　　　　　　　　　单位:元

| 2014年 | | 凭证 | | 摘要 | 借方 | 贷方 | 借或贷 | 余额 |
月	日	种类	号数					
5	1			月初余额			借	100 000
	7			收回前欠款		35 000	借	65 000
	13			赊销	20 000		借	85 000
	31			本月发生额及月末余额	20 000	35 000	借	85 000

(2)数量金额式明细账。

数量金额式明细账在收入、支出、结存三栏内,再增设数量、单价等栏目,分别登记实物的数量和金额。所以,它适用于既需要反映金额,又需要反映数量的经济业务。如原材料、库存商品、周转材料等科目的明细核算。数量金额式明细账实质上是在三栏式明细账基础上发展起来的,是三栏式明细账的扩展。其格式如表3-6所示。

表3-6　　　　　　　　　　　　　　　原材料明细账
二级科目:原料及主要材料　　　　　　　　　　　　　　　　　　　　　计量单位:千克
材料名称:A材料　　　　　　　　　　　　　　　　　　　　　　　　　最高储备:
材料规格:　　　　　　　　　　　　　　　　　　　　　　　　　　　　最低储备:

| 2014年 | | 摘要 | 入库 | | | 发出 | | | 结存 | | |
月	日		数量	单价	金额	数量	单价	金额	数量	单价	金额
8	1	月初余额							500	2	1 000
	5	车间领用				100	2	200	400	2	800
	11	购入	1 000	2	2 000				1 400	2	2 800
	14	车间领用				500	2	1 000	900	2	1 800
		……									
8	31	本月发生额及月末余额	4 000	2	8 000	3 600	2	7 200	900	2	1 800

(3)多栏式明细账。

多栏式明细账是根据经济业务的特点和经营管理的要求,在某一总分类账项下,对属于同一级科目或二级科目的明细科目设置若干栏目,用以在同一张账页上集中反映各有关明细项目的详细资料。它主要适应于费用、成本、收入和利润等科目的明细核算。由于各种多栏式明细账所记录的经济业务内容不同,所需要核算的指标也不同,因此,栏目的设置也不尽相同。多栏式明细账的格式如表 3-7 所示。

表 3-7　　　　　　　　　　　　生产成本明细账

产品名称:甲产品　　　　　　　　　　　　　　　　　　　　　　　　　单位:元

2014年		凭证		摘要	成本项目			
月	日	种类	号数		直接材料	直接人工	制造费用	合计
6	1			月初余额	6 000	3 400	1 600	11 000
	3			本月领用材料	16 000			16 000
	30			生产工人薪酬		5 500		5 500
	30			本月电费	2 250			2 250
	30			本月制造费用			3 550	3 550
	30			本月发生额	18 250	5 500	3 550	27 300
	30			结转完工产品成本	24 250	8 900	5 150	38 300
	30			月末余额	0	0	0	0

(1)模块二中实训资料辽宁鑫源机械股份有限公司 2014 年 11 月份经济业务相关会计凭证。

(2)会计账簿资料。

账簿启用及交接记录

贴印花处　112F

企业名称										
账簿名称							账簿页数			
账簿编号		总　　　册　　　第　　　册								
启用日期		年　　月　　日　至　　年　　月　　日								
经管人员	主　　　管				记　　　账					
	姓　名		盖　章		姓　名			盖　章		
交接记录	日期			监交			移交			接管
	年	月	日	职务	姓名	盖章	职务	姓名	盖章	职务　姓名　盖章
备　　　　注						企　业　印　章				

大连连信税务师事务所监制

账 户 目 录

科目代号	科 目	子、细目	账页 起页	账页 止页	科目代号	科 目	子、细目	账页 起页	账页 止页

现 金 日 记 账

132

年 月 日	凭证号	摘要	对方科目	借方 千百十万千百十元角分	贷方 千百十万千百十元角分	核对号	余额 千百十万千百十元角分

2　　　　　现 金 日 记 账

年		凭证号	摘要	对方科目	借方 千百十万千百十元角分	贷方 千百十万千百十元角分	核对号	余额 千百十万千百十元角分
月	日							

银行存款日记账

142

年 月 日	凭证号	摘要	对方科目	结算种类	结算凭证号	借方 亿千百十万千百十元角分	贷方 亿千百十万千百十元角分	核对号	余额 亿千百十万千百十元角分

银行存款日记账

142

年 月 日	凭证号	摘要	对方科目	结算种类	结算凭证号	借方 亿千百十万千百十元角分	贷方 亿千百十万千百十元角分	核对号	余额 亿千百十万千百十元角分

账簿启用及交接记录

企业名称							
账簿名称			企业印章				
账簿编号							
启用日期	总 册 第 册 账簿页数 自 年 月 日 至 年 月 日						
经管人员	主管 姓名		盖章	记账 姓名			盖章
交接记录	监交 职务	姓名	盖章	移交 职务	姓名	盖章	接管 职务	姓名	盖章
	日期 年 月 日						
备注							

贴印花处 322

大连连信税务师事务所监制

目 录 表

科目代号	科目名称	子目	细目	帐页		页	
				起	页	止	页

明细账

362

库	
区	
架	
层	位

最高存量 ________　　　　计划单价 ________
最低存量 ________　储备天数 ________　计量单位 ________

编号	
名称	
材质	
规格	

总页 ________
分页 ________

年		凭证号	摘要	借方												贷方												核对号	余额											
月	日			数量	单价	金额										数量	单价	金额											数量	单价	金额									
						千	百	十	万	千	百	十	元	角	分			千	百	十	万	千	百	十	元	角	分				千	百	十	万	千	百	十	元	角	分

明 细 账

明 细 账

库区		最高存量			储备天数				计划单价				编号			总页
架层		最低存量							计量单位				名称 材质 规格			分页

凭证		摘要	借方							贷方							余额						
年 月 日	号		数量	单价	金额 千百十万千百十元角分					数量	单价	金额 千百十万千百十元角分						数量	单价	金额 千百十万千百十元角分				

核对号

明 细 账

库		
区		
架		
层	位	

编号 _____
名称 _____
材质 _____
规格 _____

总页 _____
分页 _____

计划单价 _____
计量单位 _____

最高存量 _____
最低存量 _____
储备天数 _____

年		凭证号	摘要	借方			贷方			余额			核对号
月	日			数量	单价	金额 千百十万千百十元角分	数量	单价	金额 千百十万千百十元角分	数量	单价	金额 千百十万千百十元角分	

大连连信税务师事务所(8) 362

\104

明 细 账

总页 _____
分页 _____

会计科目 _____
明细科目 _____

年		凭证号	摘要	对方科目	借方 亿千百十万千百十元角分	贷方 亿千百十万千百十元角分	核对号	借或贷	余额 亿千百十万千百十元角分
月	日								

322

大连连信税务师事务所(8)

明 细 账

会计科目：_____ 明细科目：_____ 总页_____ 分页_____

凭证号数		摘要	对方科目	借方											贷方											核对号	借或贷	余额										
年 月 日				亿	千	百	十	万	千	百	十	元	角	分	亿	千	百	十	万	千	百	十	元	角	分			亿	千	百	十	万	千	百	十	元	角	分

322
大连连信税务师事务所(8)

明 细 账

会计科目 _____ 明细科目 _____ 总页 ____ 分页 ____

年		凭证号	摘要	对方科目	借方 亿千百十万千百十元角分	贷方 亿千百十万千百十元角分	核对号	借或贷	余额 亿千百十万千百十元角分
月	日								

大连连信税务师事务所（8） 322

明 细 账

会计科目			明细科目		借方										贷方										借或贷	余额									
年		凭证号	摘要	对方科目	亿	千	百	十	万	千	百	十	元	角	分	亿	千	百	十	万	千	百	十	元	角	分	核对号	亿	千	百	十	万	千	百	十	元	角	分
月	日																																					

总页 ____
分页 ____

322
大连连信税务师事务所 (8)

第 页	余 额	千百十万千百十元角分												
	借或贷													
	贷方合计	千百十万千百十元角分												
	合 计	千百十万千百十元角分												
		千百十万千百十元角分												
额		千百十万千百十元角分												
		千百十万千百十元角分												
生		千百十万千百十元角分												
		千百十万千百十元角分												
发		千百十万千百十元角分												
		千百十万千百十元角分												

科目编号 302　　科目编码　　　　　会计科目　　　　　二级科目　　　　　细目

凭证号		摘要	借方										贷方									
年 月 日			千	百	十	万	千	百	十	元	角	分	千	百	十	万	千	百	十	元	角	分

大连连信税务师事务所(4)

科目编号 302		会计科目 _____ 二级科目 _____ 细目 _____				
年 月 日	凭证号	摘要	借方 千百十万千百十元角分	方 千百十万千百十元角分	借或贷 千百十万千百十元角分	余额 千百十万千百十元角分

第 页	余 额 千百十万千百十元角分	借或贷	贷方合计 千百十万千百十元角分	合 计 千百十万千百十元角分	额 千百十万千百十元角分	生 千百十万千百十元角分	发 千百十万千百十元角分

大连连信税务师事务所 (4)

302

科目编号 _____ 会计科目 _____ 二级科目 _____ 细目 _____

年 月 日	凭证号数	摘要	借方 千百十万千百十元角分	贷方 千百十万千百十元角分	方 千百十万千百十元角分

总 分 类 账

账户名称：_____ 总页码：____
账号：____ 页次：____

年		凭证编号	摘要	借方										贷方										借或贷	余额										核对
月	日			亿	千	百	十	万	千	百	十	元	角	分	亿	千	百	十	万	千	百	十	元	角	分		亿	千	百	十	万	千	百	十	元	角	分	

总 分 类 账

账户名称：_____ 总页码：____
账号：____ 页次：____

年		凭证编号	摘要	借方										贷方										借或贷	余额										核对
月	日			亿	千	百	十	万	千	百	十	元	角	分	亿	千	百	十	万	千	百	十	元	角	分		亿	千	百	十	万	千	百	十	元	角	分	

总分类账

账号_____ 总页码_____
页次_____
账户名称_____

年		凭证编号	摘要	借方 亿千百十万千百十元角分		贷方 亿千百十万千百十元角分		借或贷	余额 亿千百十万千百十元角分	核对
月	日				√		√			

总分类账

账号_____ 总页码_____
页次_____
账户名称_____

年		凭证编号	摘要	借方 亿千百十万千百十元角分	贷方 亿千百十万千百十元角分	借或贷	余额 亿千百十万千百十元角分	核对
月	日							

总分类账

账号 _____ 总页码 _____
页次 _____
账户名称 _____

年		凭证编号	摘要	借方										贷方										借或贷	余额										核对
月	日			亿	千	百	十	万	千	百	十	元	角	分	亿	千	百	十	万	千	百	十	元	角	分		亿	千	百	十	万	千	百	十	元	角	分	

总分类账

账号 _____ 总页码 _____
页次 _____
账户名称 _____

年		凭证编号	摘要	借方										贷方										借或贷	余额										核对
月	日			亿	千	百	十	万	千	百	十	元	角	分	亿	千	百	十	万	千	百	十	元	角	分		亿	千	百	十	万	千	百	十	元	角	分	

总分类账

账户名称：_____ 账号：_____ 页次：_____ 总页码：_____

年 月 日	凭证编号	摘要	借方 亿千百十万千百十元角分	贷方 亿千百十万千百十元角分	借或贷	余额 亿千百十万千百十元角分	核对
					√		
					√		

总分类账

账户名称：_____ 账号：_____ 页次：_____ 总页码：_____

年 月 日	凭证编号	摘要	借方 亿千百十万千百十元角分	贷方 亿千百十万千百十元角分	借或贷	余额 亿千百十万千百十元角分	核对

总分类账

账号　　　　总页码
页次　　　　
账户名称

年 月 日	凭证编号	摘要	借方 亿千百十万千百十元角分	贷方 亿千百十万千百十元角分	借或贷	余额 亿千百十万千百十元角分	核对

总分类账

账号　　　　总页码
页次　　　　
账户名称

年 月 日	凭证编号	摘要	借方 亿千百十万千百十元角分	贷方 亿千百十万千百十元角分	借或贷	余额 亿千百十万千百十元角分	核对

总分类账

账号：　　　　　总页码：
账户名称：　　　页次：

年		凭证编号	摘要	借方										贷方										借或贷	余额										核对
月	日			亿	千	百	十	万	千	百	十	元	角	分	亿	千	百	十	万	千	百	十	元	角	分		亿	千	百	十	万	千	百	十	元	角	分	
																										√												
																										√												

总分类账

账号：　　　　　总页码：
账户名称：　　　页次：

年		凭证编号	摘要	借方										贷方										借或贷	余额										核对
月	日			亿	千	百	十	万	千	百	十	元	角	分	亿	千	百	十	万	千	百	十	元	角	分		亿	千	百	十	万	千	百	十	元	角	分	

总分类账

账号＿＿＿＿＿＿＿　总页码＿＿＿＿＿＿
账户名称＿＿＿＿＿＿　页次＿＿＿＿＿＿

年		凭证编号	摘要	借方											贷方										借或贷	余额										核对
月	日			亿	千	百	十	万	千	百	十	元	角	分	亿	千	百	十	万	千	百	十	元	角	分		亿	千	百	十	万	千	百	十	元	角	分	

总分类账

账号＿＿＿＿＿＿＿　总页码＿＿＿＿＿＿
账户名称＿＿＿＿＿＿　页次＿＿＿＿＿＿

年		凭证编号	摘要	借方											贷方										借或贷	余额										核对
月	日			亿	千	百	十	万	千	百	十	元	角	分	亿	千	百	十	万	千	百	十	元	角	分		亿	千	百	十	万	千	百	十	元	角	分	

总分类账

账号　　　　总页码
页次
账户名称

年		凭证编号	摘要	借方 亿千百十万千百十元角分	贷方 亿千百十万千百十元角分	借或贷	余额 亿千百十万千百十元角分	核对
月	日							

总分类账

账号　　　　总页码
页次
账户名称

年		凭证编号	摘要	借方 亿千百十万千百十元角分	贷方 亿千百十万千百十元角分	借或贷	余额 亿千百十万千百十元角分	核对
月	日							

总 分 类 账

账号 _____ 总页码 _____
账户名称 _____

年		凭证	摘要	借方										贷方										借或贷	余额										核对
月	日	页次	编号		亿	千	百	十	万	千	百	十	元	角	分	亿	千	百	十	万	千	百	十	元	角	分		亿	千	百	十	万	千	百	十	元	角	分	

总 分 类 账

账号 _____ 总页码 _____
账户名称 _____

年		凭证	摘要	借方										贷方										借或贷	余额										核对
月	日	页次	编号		亿	千	百	十	万	千	百	十	元	角	分	亿	千	百	十	万	千	百	十	元	角	分		亿	千	百	十	万	千	百	十	元	角	分	

总分类账

账户名称																																								
账号　　　　总页码
页次

年		凭证	摘要	借方										贷方										借或贷	余额										核对
月	日	编号		亿	千	百	十	万	千	百	十	元	角	分	亿	千	百	十	万	千	百	十	元	角	分		亿	千	百	十	万	千	百	十	元	角	分	

总分类账

账号　　　　总页码
账户名称
页次

年		凭证	摘要	借方										贷方										借或贷	余额										核对
月	日	编号		亿	千	百	十	万	千	百	十	元	角	分	亿	千	百	十	万	千	百	十	元	角	分		亿	千	百	十	万	千	百	十	元	角	分	

总 分 类 账

账号		凭证		摘要	借方										贷方										借或贷	余额										核对
页次		种类	号数		亿	千	百	十	万	千	百	十	元	角	分	亿	千	百	十	万	千	百	十	元	角	分		亿	千	百	十	万	千	百	十	元	角	分	
账户名称																																						
年 月 日																																						

总 分 类 账

账号		凭证		摘要	借方										贷方										借或贷	余额										核对
页次		种类	号数		亿	千	百	十	万	千	百	十	元	角	分	亿	千	百	十	万	千	百	十	元	角	分		亿	千	百	十	万	千	百	十	元	角	分	
账户名称																																						
年 月 日																																						

总分类账

账号		总页码	
页次			
账户名称			

年		凭证编号	摘要	借方										贷方										借或贷	余额										核对
月	日			亿	千	百	十	万	千	百	十	元	角	分	亿	千	百	十	万	千	百	十	元	角	分		亿	千	百	十	万	千	百	十	元	角	分	

总分类账

账号		总页码	
页次			
账户名称			

年		凭证编号	摘要	借方										贷方										借或贷	余额										核对
月	日			亿	千	百	十	万	千	百	十	元	角	分	亿	千	百	十	万	千	百	十	元	角	分		亿	千	百	十	万	千	百	十	元	角	分	

总分类账

账号：___　页次：___　总页码：___
账户名称：___

年		凭证编号	摘要	借方										贷方										借或贷	余额										核对
月	日			亿	千	百	十	万	千	百	十	元	角	分	亿	千	百	十	万	千	百	十	元	角	分		亿	千	百	十	万	千	百	十	元	角	分	

总分类账

账号：___　页次：___　总页码：___
账户名称：___

年		凭证编号	摘要	借方										贷方										借或贷	余额										核对
月	日			亿	千	百	十	万	千	百	十	元	角	分	亿	千	百	十	万	千	百	十	元	角	分		亿	千	百	十	万	千	百	十	元	角	分	

总分类账

账号		总页码	
页次			

账户名称 _____

年		凭证编号	摘要	借方										贷方										借或贷	余额										核对
月	日			亿	千	百	十	万	千	百	十	元	角	分	亿	千	百	十	万	千	百	十	元	角	分		亿	千	百	十	万	千	百	十	元	角	分	
																										✓												

总分类账

账号		总页码	
页次			

账户名称 _____

年		凭证编号	摘要	借方										贷方										借或贷	余额										核对
月	日			亿	千	百	十	万	千	百	十	元	角	分	亿	千	百	十	万	千	百	十	元	角	分		亿	千	百	十	万	千	百	十	元	角	分	

总 分 类 账

账号		总页码	
页次			

账户名称 _____

年		凭证	摘要	借方	贷方	借或贷	余额	核对
月	日	编号		亿千百十万千百十元角分	亿千百十万千百十元角分		亿千百十万千百十元角分	
						✓		
				✓				

总 分 类 账

账号		总页码	
页次			

账户名称 _____

年		凭证	摘要	借方	贷方	借或贷	余额	核对
月	日	编号		亿千百十万千百十元角分	亿千百十万千百十元角分		亿千百十万千百十元角分	

总分类账

账号　　　　总页码
页次　　　　
账户名称_____

年		凭证编号	摘要	借方										贷方										借或贷	余额										核对
月	日			亿	千	百	十	万	千	百	十	元	角	分	亿	千	百	十	万	千	百	十	元	角	分		亿	千	百	十	万	千	百	十	元	角	分	

总分类账

账号　　　　总页码
页次　　　　
账户名称_____

年		凭证编号	摘要	借方										贷方										借或贷	余额										核对
月	日			亿	千	百	十	万	千	百	十	元	角	分	亿	千	百	十	万	千	百	十	元	角	分		亿	千	百	十	万	千	百	十	元	角	分	

（1）根据实训资料开设总账、日记账、明细账。

（2）正确登记日记账。

根据库存现金和银行存款的收付款凭证，按时间顺序逐日逐笔登记。日记账中"凭证号"栏应登记每笔业务所依据的收付款凭证号，"收入"栏（借方）根据收款凭证登记，"付出"栏（贷方）根据付款凭证登记；但对于货币资金之间的互转业务，为避免重复记账，一般不填制收款凭证，只填制付款凭证。库存现金日记账每日终了应结出余额并与库存现金相互核对，银行存款日记账应定期与银行送来的对账单进行核对，做到日清月结。

（3）正确登记材料明细账。审核材料收发业务的原始凭证和记账凭证，经审核无误后，据以登记材料明细账。

（4）正确登记应收、应付款明细账。审核应收、应付款增减业务的记账凭证，经审核无误后，据以登记应收、应付款明细账。

（5）正确登记生产成本明细账。审核生产成本增减业务的记账凭证，经审核无误后，据以登记生产成本明细账。

（6）正确登记管理费用明细账。审核管理费用增减业务的记账凭证，经审核无误后，据以登记管理费用明细账。

（7）正确登记总分类账。认真审核记账凭证，根据审核无误的记账凭证，或汇总记账凭证，或科目汇总表登记总分类账。例如，根据记账凭证按规定序时逐笔登记，根据其余各种记账依据按规定定期汇总登记。

（8）月末，本月全部经济业务都登记入账后，结出本月发生额和期末余额，并将总账会计科目余额与有关日记账、明细账进行核对，做到账账相符。

一、会计账簿建账与登记业务的流程

1. 建账业务操作流程

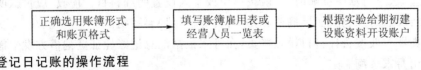

2. 登记日记账的操作流程

3. 明细分类账的设置与登记流程

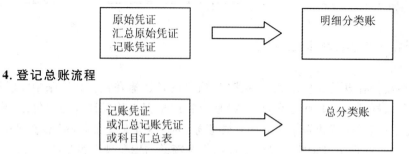

4. 登记总账流程

二、在建账时应注意的要求

（1）要求学生在正确填列记账凭证的基础上准确确定经济业务涉及的账户的名称及核算的详细程度。

（2）开设有关的总分类账、明细账和日记账。总分类账、日记账通常采用订本式，其他明细账采用活页式。根据明细账户的性质确定是使用三栏式、数量式还是多栏式账页等。

（3）建账时必须正确填写账簿启用表和经管人员一览表。

（4）开设完成的账户要按资产类、负债类、共同类、所有者权益类、成本类和损益类六大类顺序排放。

（5）根据实验给出的期初建账资料，填写建账日期和期初余额。如果无余额，只开设账户即可。

三、登记账簿过程中应注意的要求

（1）登记库存现金和银行存款日记账一定要按时间顺序进行，不可以在时间上颠倒。

（2）库存现金和银行存款日记账一定要每天登记，并做到日清月结。当日的库存现金日记账余额应与库存现金数额一致，银行存款日记账余额应与定期取得的银行存款对账单核对。

（3）银行存款日记账余额与对账单进行核对时先要编制银行存款余额调节表。

（4）登记原材料明细账时，要按材料品种设置明细科目，并将数量和金额栏登记完整。月末应将原材料明细账的金额合计与总账核对，做到账账相符；将原材料明细账登记的数量与库存材料保管账核对，做到账实相符。

（5）登记应收、应付款明细账时，一般按单位或个人设置明细科目。应收、应付款明细账的登记应尽可能详细，时间、凭证号、摘要、对方科目等栏目均要写明。

（6）总分类账一般按会计科目设置账页，在月末根据汇总记账凭证登记借方发生额和贷方发生额，并结出月末余额。

（7）月末余额应登记借（贷）方符号，以明确表示余额的性质。

四、熟悉并运用登账过程中的常用符号

（1）￥——人民币元的符号。写在阿拉伯数字（金额）前，金额后不再写元。

（2）√——已记过账的符号，表示已根据会计凭证记完或过完账。也可用来表示核对账目的符号，表明已核对过。

(3) ∅——结平账簿的符号,表示某个会计科目余额为零。
(4) □——红字的符号,表示框内数字为红字(实际工作中直接记红字)。

实训思考

一、企业单位一般设置和登记哪些日记账?
二、如何登记库存现金和银行存款日记账?
三、为什么每日终了库存现金日记账都要与库存现金核对?
四、为什么企业单位银行存款日记账要定期与银行对账单核对?
五、明细账主要有几种格式?各用于记录哪些经济业务?
六、为什么要设置和登记总分类账?
七、登记总分类账应注意哪些问题?
八、如何核对总分类账?

实训三　对账与结账

实训目的

通过期末对账和结账的实训,掌握会计账簿对账与结账的方法。

实训常识

一、对账

对账就是对会计账目进行检查与核对,一般在会计期间(月份、季度、年度)终了时,通过检查和核对账证、账账、账实是否相符,以确保账簿记录的正确性。会计人员在填制凭证、登记账簿等一系列工作中出现的差错,或因管理工作不善而带来的财产管理中的各种问题以及其他一些因素的影响,都可能给账簿记录的真实性、正确性带来影响。为了保证账簿记录的真实、正确、可靠,必须对账簿和账户所记录的有关数据加以检查和核对。

对账的内容一般包括以下几个方面。

1. 账证核对

账证核对是指将各种账簿记录与会计凭证进行核对。这种核对主要是在日常编制凭证和记账过程中进行。必要时,也可以采用抽查核对和目标核对的方法进行。核对的重点是凭证所记载的业务内容、金额和分录是否与账簿中的记录一致。若发现差错,应重新对账簿记录和会计凭证进行复核,直到查出错误的原因为止,以保证账证相符。

2. 账账核对

账账核对是对各种账簿之间的有关数字进行核对。账账核对包括:(1)总分类账各账户的借方期末余额合计数与贷方期末余额合计数核对相符;(2)明细分类账各账户的余额合计数与有关的总分类账的余额核对相符;(3)日记账的余额与总分类账各账户的余额核对相符;(4)会计部门各种财产物资明细分类账的期末余额与保管或使用部门的财产物资明细分类账的期末余额核对相符;(5)本单位会计部门有关账簿的发生额和余额应该与外单位相应账簿的发生额和余额核对相符。

3. 账实核对

账实核对就是将账面数字和实际的物资、款项进行核对。账实核对包括现金日记账账面余额与库存现金相互核对;银行存款日记账账面余额与银行各账户的银行对账单相互核对;各种材料物资明细账账面余额与材料物资实存数额相互核对;各种应收、应付款项明细账账面余额与有关的债权、债务单位相互核对。保证账实相符,一般通过财产清查来进行。

二、结账

1. 结账的含义与内容

结账就是把一定时期内所发生的经济业务,在全部登记入账的基础上,结算出每个账户的本期发生额和期末余额,并将期末余额转入下期或下年新账(期末余额结转到下期即为下期期初余额)。根据会计分期的不同,结账工作相应地可以在月末、季末、年末进行,但不能为减少本期的工作量而提前结账,也不能将本期的会计业务推迟到下期或编制报表之后再进行结账。对资产、负债和所有者权益等实账户可以在会计期末直接结账。而对那些收入、费用等虚账户,因为它们在结账前应按权责发生制要求先进行调整,所以,应在调整之后再结账。权责发生制要求以应收和应付为标准确认本期收入和费用,即凡是属于本期应该赚取或发生的收入和费用,不论款项是否收到或付出,均应作为本期的收入和费用入账;反之,凡是不属于本期的应该赚取或发生的收入和费用,即使款项在本期收到或支付,也不应作为本期的收入或费用入账。根据权责发生制,只有将企业发生的收入和费用按照会计期间正确划分其归属后,才能真实反映企业本期的财务状况和经营成果。

为了保证结账工作的顺利进行,结账前应该做好一些准备工作,具体包括检查凭证和账簿的正确性、进行相应的账项调整,如收入的确认、成本的结转等。简单地说,结账工作主要由两部分构成,一是结出总分类账和明细分类账的本期发生额与期末余额(包括本期累计发生额),并将余额在本期和下期之间进行结转;二是损益类账户,即收入、成本费用类账户的结转,并计算本期利润或亏损(利润的确定一般在年结时进行)。

通过结账,有利于企业管理者定期总结生产经营情况,对不同会计期间的数据资料进行比较分析,以便发现问题,好采取措施及时解决;通过结账,也有利于编制报表,提供报表所需的数据资料,满足与企业有利益关系的投资者、债权人作出正确的投资决策和国家进行宏观调控的要求。另外,企业因撤销、合并而办理账务交接时,也需要办理结账手续。

2. 结账的步骤

(1)检查结账日止以前所发生的全部经济业务是否都已经登记入账。检查账簿记录的完整性和正确性,不能漏记、重记每一项经济业务,也不能有错误的记账分录。值得注意的是各种收入和费用应该按照权责发生制的要求进行处理。

(2)编制结账分录。在有关经济业务都已经登记入账的基础上,要将各种收入、成本和费用等账户的余额进行结转,编制各种转账分录,结转到利润账户,再编制利润分配的分录。

(3)计算发生额和余额。计算出各账户的发生额和余额,并进行结转,最终计算出资产、负债和所有者权益类账户的本期发生额与余额。

3. 结账的方法

结账分为月结、季结和年结三种。月度结账时,应该结出本月借、贷双方的月内发生额和期末余额,在摘要栏内注明"本期发生额及期末余额",同时,在"本期发生额及期末余额"行的上、下端各划一条红线,表示账簿记录已经结束;季度结账应在本季度最后一个月的结账数字的红线下边一行,把本季度三个月的借、贷双方月结数汇总,并在摘要栏内注明"本季发生额合计及季末余额",同样在数字下端划一条红线;年度结账时,应将四个季度的借、贷双方季结加以汇总,在摘要栏内注明"本年发生额及年末余额",并在数字下端划双红线,表示本年度账簿记录已经结束。年度结账后,各账户的年末余额,应转入下年度的新账簿。

会计人员填制会计凭证和登记会计账簿,必须严肃认真,一丝不苟,尽最大努力防止出现会计差错,以保证会计核算信息质量。如果账簿记录发生错误,必须根据错误发生的具体情况,按照规定的方法予以更正。

实训资料

实训二中的总账、日记账、明细账资料。

实训要求

按规定对实训企业进行会计账簿的对账与结账。为了反映企业一定时期资金运动情况,应对账簿记录定期进行结账。要求实训企业应将账簿记录与有关记录进行核对,如账证核对、账账核对、账实核对等。如果发现有误,应按实训四所述的方法,进行错账的查找和更正。然后,按月计算本期发生额和期末余额,以结束该会计期间账簿记录。

实训提示

(1)账项结转和结账都是在会计期末所要进行的工作,一般不在会计期间进行。
(2)在实训过程中应注意的问题如下。
①在对账的时候需要把模块二实训资料和模块三实训二资料联系起来。
②结账可以在登记完的账页上直接进行,其主要内容有以下几个方面。
(a)检查本期内日常发生的经济业务是否已全部登记入账,若发现漏账、错账应及时补记、更正。
(b)编制有关账项调整的记账凭证,并据以登记入账。
● 按权责发生制的要求,正确确定本期的收入和费用。例如,对于属于本期的收益,应按规定确认入账等等。
● 按照成本计算要求和会计准则规定,在有关账户之间进行月终转账。例如,制造费用的分配与结转,已售产品成本的结转,本年利润的结转与分配等。

一、为什么要对账？

二、如何进行结账？

实训四　错账查找与更正

通过查找记账错误和更正错账的实验，掌握查错与更正错误的方法。

一、错账查找方法

查找记账错误一般有两种方法，即全面查找和个别查找。

全面查找包括正查法和逆查法。正查法就是对发现记错账月份的所有经济业务，按其发生的先后顺序逐笔进行查找。逆查法与正查法的查找顺序正好相反。

个别查找的方法一般有差额法、除2法、除9法等专门方法。(1)差额法：根据错账差额查找漏记账目的方法，即查找账簿中的全部金额有无与差额相同的数字，检查其是否漏记或重记。(2)除2法：用正确与错误金额之差除以2后得出的商数来判明、查找错误的一种方法。它是用来查找因记错方向而产生的记账错误。如果某一数字记反了方向，就会使一方发生额增大，另一方发生额减少，差错数一定是记反方向数字的2倍，且一定是偶数，均能被2整除，其商数即是记反方向的数字。(3)除9法：用正确与错误金额之差除以9后得出的商数来判明、查找错误的一种方法。它是用来查找因数字错位或位数颠倒而产生的记账错误。多记一位数或少记一位数都会使原来金额增大9倍或减少十分之九(多记或少记两位时，是99的倍数；多记或少记3位时，是999的倍数等)。记错位数而产生的差额也都能被9整除，均能用除9法来判明和查找记账错误。

二、错账更正方法

1. 划线更正法

划线更正法是先将错误数字或文字全部划一条红线予以注销，并使原来的字迹仍然清晰可见，然后在红线上方空白处，用蓝黑墨水笔做出正确的记录，并由记账人员在更正处盖章。划线更正法适用于结账前或结账时发现账簿记录中文字或金额有错误，而记账凭证没有错误，即纯属文字或数字过账时的笔误及账簿数字计算错误等情况。

[例 3-1] 记账人员根据记账凭证登记账簿时,将 6 130.50 元误写成 6 310.50 元。更正时,应将错误数字 6 310.50 全部用红字划掉,然后在其上方空白处用蓝字填写正确数字 6 130.50,而不能只将错误的两位数字"31"划红线更正为"13"。

2. 红字更正法

红字更正法也叫赤字冲账法、红笔订正法,是指用红字冲销原有错误记录,从而更正账簿记录的一种方法。红字更正法一般适用于下列两种情况。

第一种情况:记账后,在当年内发现记账凭证中应借、应贷的会计科目或记账方向有错误,从而引起账簿记录错误,可采用红字更正法更正。更正的方法是:先用红字填写一张与原错误记账凭证内容完全相同的记账凭证,以示冲销原错误记账凭证;然后用蓝字重新填制一张正确的记账凭证,据以登记入账。

[例 3-2] 华东有限公司以银行存款 6 000 元偿还前欠购买材料款,在编制记账凭证时,应借科目误记入"其他应付款",并已登记入账。该错误记账凭证所反映的会计分录为:

(1)借:其他应付款　　　　　　　　　　　　　　　　　　　　　　　6 000
　　　贷:银行存款　　　　　　　　　　　　　　　　　　　　　　　　　　　6 000

当发现记账凭证错误时,应先按照原错误分录用红字填制如下记账凭证进行更正。

(2)借:其他应付款　　　　　　　　　　　　　　　　　　　　　　　6 000
　　　贷:银行存款　　　　　　　　　　　　　　　　　　　　　　　　　　　6 000

根据该更正错误记账凭证以红字金额登记入账,冲销原有的错误记录,然后,用蓝字再填制一张正确的记账凭证,并据以登记入账。其会计分录如下:

(3)借:应付账款　　　　　　　　　　　　　　　　　　　　　　　　6 000
　　　贷:银行存款　　　　　　　　　　　　　　　　　　　　　　　　　　　6 000

第二种情况:记账后,发现记账凭证所填写的会计科目、记账方向都没有错误,但记录的金额有错误,且所记金额大于应记金额,从而引起账簿记录错误,应采用红字更正法更正。更正的方法是:将多记的金额用红字编制一张与原记账凭证应借、应贷科目完全相同的记账凭证,以冲销多记的金额,并据以登记入账。

[例 3-3] 华东有限公司以银行存款 6 000 元偿还前欠购买材料款,在编制记账凭证时,将金额误记为 60 000,并已登记入账。该错误记账凭证所反映的会计分录为:

(1)借:应付账款　　　　　　　　　　　　　　　　　　　　　　　　60 000
　　　贷:银行存款　　　　　　　　　　　　　　　　　　　　　　　　　　　60 000

发现错误后,应将多记的金额 54 000 元用红字冲销,即用红字编制一张调减的记账凭证如下:

(2)借:应付账款　　　　　　　　　　　　　　　　　　　　　　　　54 000
　　　贷:银行存款　　　　　　　　　　　　　　　　　　　　　　　　　　　54 000

3. 补充登记法

补充登记法是在科目对应关系正确时,但记账以后,发现记账凭证所填写的记账金额小于应记金额,从而引起账簿记录错误,因而应采用补充登记的方法进行更正错账的一种错账更正方法。更正的方法是:将少记的金额用蓝字填制一张记账凭证,在摘要栏中注明补记×字第×号凭证少记数,并据以登记入账,以补充原来少记的金额。这种方法适用于记账后发现记账凭证所填的金额小于正确的金额的情况。对于这种错误可以采用红字更正法,也可以采用补充登记法。

[例 3-4] 华东有限公司购入一项专利权,共计 200 000 元,款已用银行存款支付。但在编制记账凭证时,将金额误记为 20 000 元,少记 180 000 元,并已登记入账。该错误记账凭证所反映的会计分录为:

(1)借:无形资产　　　　　　　　　　　　　　　　　　　　　　　　20 000
　　　贷:银行存款　　　　　　　　　　　　　　　　　　　　　　　　　　　　20 000

当发现上述错误时,可将少记的 180 000 元用蓝字另外编制一张调增的记账凭证如下:

(2)借:无形资产　　　　　　　　　　　　　　　　　　　　　　　　180 000
　　　贷:银行存款　　　　　　　　　　　　　　　　　　　　　　　　　　　　180 000

对于上述错误,也可用红字更正法进行更正,更正会计分录如下:

(3)借:无形资产　　　　　　　　　　　　　　　　　　　　　　　　20 000
　　　贷:银行存款　　　　　　　　　　　　　　　　　　　　　　　　　　　　20 000

(4)借:无形资产　　　　　　　　　　　　　　　　　　　　　　　　200 000
　　　贷:银行存款　　　　　　　　　　　　　　　　　　　　　　　　　　　　200 000

假设辽宁鑫源机械股份有限公司对 2014 年 11 月发生的经济业务进行查账时发现下列错账。

(1)3 日,开出转账支票 3 000 元,用于支付上述材料运杂费,按材料重量分配运杂费。查账时发现凭证与账簿均记为:

　　借:管理费用　　　　　　　　　　　　　　　　　　　　　　　　　3 000
　　　　贷:银行存款　　　　　　　　　　　　　　　　　　　　　　　　　　3 000

(2)5 日,签发一张 3 个月到期的商业承兑汇票,偿还前欠联达公司货款 500 000 元。查账时发现科目没错,但凭证与账簿均记为 50 000 元。

(3)9 日,出纳员张丹签发现金支票,从银行提取现金 1 000 元,供零星开支使用。查账时发现原记账凭证没错,账簿错将金额记为 1 100 元。

(4)18 日,归还到期的长期借款 500 000 元,该借款为 2012 年 11 月借入的 2 年期借款。查账时发现凭证与账簿均记为 5 000 000。

(5)29 日,企业接受捐赠非专利技术一项,经评估价值为 300 000 元。查账时发现凭证与账簿均记为:

　　借:无形资产　　　　　　　　　　　　　　　　　　　　　　　　300 000
　　　　贷:资本公积　　　　　　　　　　　　　　　　　　　　　　　　　　300 000

 实训要求

(1)运用科学的方法查找记账过程中是否存在记账错误。
(2)运用正确的方法对记账过程中存在的错误进行更正。

 实训提示

(1)如果企业业务量较少,则可采用按经济业务先后顺序逐笔查找错误。如果企业业务量较大,则可以先采用个别查找法。个别查找法的差额法、除 2 法、除 9 法等应逐一使用。如果个别查找法仍未发现问题,则再采用逐笔查找法。

(2)对查找发现的错误,应先确定发现错误的时间。如果在月末或年末结账前,可采用划线更正法更正错误;如果在结账后,则要采用红字更正法或补充记法更正错误。

 实训思考

一、查找错账的方法有哪些?如何查找?
二、记账过程中会产生哪些种类的记账错误?
三、更正错账的方法有哪些?如何进行更正?
四、为什么会产生各种记账错误?

实训五　会计账簿的启用、更换与保管

 实训目的

通过实训,掌握会计账簿的启用规则,以及在何种情况下进行账簿的更换。

 实训常识

一、会计账簿的启用

新的会计年度开始,每个会计主体都应该启用新的会计账簿。在启用新账簿时,应在账簿的有关位置记录以下相关信息。

(1)设置账簿的封面与封底。除订本账不另设封面以外,各种活页账都应设置封面和封底,并登记单位名称、账簿名称和所属会计年度。

(2)填写账簿启用及经管人员一览表。在启用新会计账簿时,应首先填写在扉页上印制的"账簿启用及交接表"中的启用说明,其中包括单位名称、账簿名称、账簿编号、起止日期、单位负责人、主管会计、审核人员和记账人员等项目,并加盖单位公章。在会计人员发生变更时,应办理交接手续并填写"账簿启用及交接表"中的交接说明。

(3)填写账户目录。总账应按照会计科目的编号顺序填写科目名称及启用页号。在启用活页式明细分类账时,应按照所属会计科目填写科目名称和页码,在年度结账后,撤去空白账页,填写使用页码。

(4)粘贴印花税票。印花税票应粘贴在账簿的右上角,并且划线注销;在使用缴款书缴纳印花税时,应在右上角注明"印花税已缴"及缴款金额。

二、会计账簿的更换

会计账簿的更换是指在会计年度终了时,将上年度的账簿更换为次年度的新账簿。在每一会计年度结束,新一会计年度开始时,应按会计制度的规定,更换一次总账、日记账和大部分明细账。一少部分明细账还可以继续使用,年初可以不必更换账簿,如固定资产明细账等。

更换账簿时,应将上年度各账户的余额直接记入新年度相应的账簿中,并在旧账簿中各账户年终余额的摘要栏内加盖"结转下年"戳记。同时,在新账簿中相关账户的第一行摘要栏内加盖"上年结转"戳记,并在余额栏内记入上年余额。

三、会计账簿的保管

会计账簿是会计工作的重要历史资料,也是重要的经济档案,在经营管理中具有重要作用。因此,每一个企业、单位都应按照国家有关规定,加强对会计账簿的管理,做好账簿的管理工作。账簿的保管,应该明确责任,保证账簿的安全和会计资料的完整,防止交接手续不清和可能发生的舞弊行为。在账簿交接保管时,应将该账簿的页数、记账人员姓名、启用日期、交接日期等列表附在账簿的扉页上,并由有关方面签字盖章。账簿要定期(一般为年终)收集,审查核对,整理立卷,装订成册,专人保管,严防丢失和损坏。

账簿应按照规定期限保管。各账簿的保管期限分别为:日记账一般为 15 年,其中现金日记账和银行存款日记账为 25 年;固定资产卡片在固定资产报废清理后应继续保存 5 年;其他总分类账、明细分类账和辅助账簿应保存 15 年。保管期满后,要按照会计档案管理办法的规定,由财会部门和档案部门共同鉴定,报经批准后进行处理。

合并、撤销单位的会计账簿,要根据不同情况,分别移交给并入单位、上级主管部门或主管部门指定的其他单位接受保管,并由交接双方在移交清册上签名盖章。

账簿日常应由各自分管的记账人员专门保管,未经领导和会计负责人或有关人员批准,不许非经管人员翻阅、查看、摘抄和复制。会计账簿除非特殊需要或司法介入要求,一般不允许携带外出。

新会计年度对更换下来的旧账簿应进行整理、分类,对有些缺少手续的账簿,应补办必要的手续,然后装订成册,并编制目录,办理移交手续,按期归档保管。

账簿使用登记表

单位名称	
账簿名称	
册次及起止页数	
启用日期	
停用日期	

经管人员姓名	接管日期	交出日期	经管人员盖章	会计主管人员盖章

备考		单位公章
		财务专用章

账簿使用登记表

单位名称	
账簿名称	
册次及起止页数	
启用日期	
停用日期	

经管人员姓名	接管日期	交出日期	经管人员盖章	会计主管人员盖章

备考		单位公章
		财务专用章

账簿使用登记表

单位名称				
账簿名称				
册次及起止页数				
启用日期				
停用日期				
经管人员姓名	接管日期	交出日期	经管人员盖章	会计主管人员盖章
备考			单位公章	
			财务专用章	

 实训要求

根据账簿使用登记表进行相应内容的填制。

 实训提示

在企业中,一般应启用一本总账、一本库存现金日记账、一本银行存款日记账以及多本明细账。由于实训环节受经济业务的数量限制,因此可以将实训中的会计账簿整合为两本或者三本。

实训思考

一、会计账簿在启用环节应注意哪些问题?
二、会计账簿应在什么条件下进行更换?为什么应每年至少更换一次?

模块四 银行存款余额调节表、试算平衡表的编制

实训一 银行存款余额调节表的编制

在银行与企业之间,由于凭证的传递时间不同,而导致了双方记账时间不一致,从而产生了未达账项。通过实训,学生应掌握银行存款日记账与银行对账单的核对以及银行存款余额调节表的编制方法。

企业的各项财产包括货币资金、存货、固定资产和各项债权。各项财产物资的增减变动和结存情况都是通过账簿记录如实地加以反映。为了保证账簿记录的正确性,必须对财产物资进行定期或不定期的清点和审查工作即财产清查。财产清查是会计核算的专门方法之一,它是根据账簿记录,对企业的财产物资进行盘点或核对,查明各项财产的实存数与账面结存数是否相符,为定期编制会计报表提供准确的、完整的、系统的核算信息的一种方法。

财产清查是一项涉及面广、业务量大的会计工作,为了保证财产清查的工作质量,提高工作效率,达到财产清查的目的,在财产清查时应针对不同的清查内容而采用不同的方法。由于实训环节对库存现金、存货、固定资产、往来款项的清查工作受条件所限,因此本实训教材仅对银行存款的清查进行实训,并在此基础上掌握银行存款余额调节表的编制。

银行存款的清查,通常采用银行存款日记账与开户银行提供的"对账单"相核对的方法。核对前,首先把清查日止所有银行存款的收、付业务登记入账,对发生的错账、漏账应及时查清更正。然后再与银行的"对账单"逐笔核对,若二者余额相符,一般说明无错误;若发现二者不相符,则可能存在着未达账项。

所谓未达账项是指在企业和银行之间,由于凭证的传递时间不同,而导致了双方记账时间不一致,即一方已接到有关结算凭证并已经登记入账,而另一方由于尚未接到有关结算凭证而尚未入账的款项。概括来说,未达账项有两大类型:一是企业已经入账而银行尚未入账的款项;二是银行已经入账而企业尚未入账的款项。具体来讲有以下四种情况:(1)企业已收款入账,银行未收款入账的款项;(2)企业已付款入账,银行未付款入账的款项;(3)银行已收款入账,企业未收款入账的款项;(4)银行已付款入账,企业未付款入账的款项。

上述任何一种未达账项存在,都会使企业银行存款日记账余额与银行提供的"对账单"的余额不符。在与银行对账时,应首先查明有无未达账项,如果存在未达账项,可编制"银行存款余额调节表"予以调整。"银行存款余额调节表"的编制应在企业银行存款日记账余额和银行对账单余额的基础上,分别加减未达账项,调整后的双方余额应该相符,并且是企业当时实际可以动用的款项。其计算公式如下:

企业银行存款日记账余额 ＋ 银行已收款项 － 企业未收款项 ＝ 对账单余额 ＋ 银行已付款项 － 银行未付款项

现举例说明"银行存款余额调节表"的具体编制方法。

[例 4-1] 某企业 2014 年 10 月 31 日银行存款日记账的余额为 112 000 元,银行对账单的余额为 148 000 元,经核对发现以下未达账项:

(1)企业将收到的销货款 4 000 元存入银行,企业已登记银行存款增加,而银行尚未记增加。
(2)企业开出转账支票 36 000 元支付购料款,企业已登记银行存款减少,而银行尚未记减少。
(3)企业收到某单位汇来的购货款 20 000 元,银行已登记增加,企业尚未记增加。
(4)银行代企业支付水电费 16 000 元,银行已登记减少,企业尚未记减少。
根据上述资料编制"银行存款余额调节表",如表 4-1 所示。

表 4-1

银行存款余额调节表

2014 年 10 月 31 日

项 目	金 额	项 目	金 额
企业银行存款日记账余额	112 000	银行对账单余额	148 000
加:银行已收企业未收	20 000	加:企业已收银行未收	4 000
减:银行已付企业未付	16 000	减:企业已付银行未付	36 000
调节后的存款余额	116 000	调节后的存款余额	116 000

应该指出,表 4-1 中的"调节后的存款余额",只表明企业可以实际动用的银行存款数,并非企业银行存款的实际数;"银行存款余额调节表"只是银行存款清查的一种形式,它只起到对账作用,不能作为调节账面余额的原始凭证;银行存款日记账的登记,必须待收到有关原始凭证后再予以进行。

假设辽宁鑫源机械股份有限公司 2014 年 10 月 31 日的银行存款日记账账面余额为 691 600 元,而银行对账单上企业存款余额为 681 600 元,经逐笔核对,发现有以下未达账项。
(1)10 月 26 日企业开出转账支票 3 000 元,持票人尚未到银行办理转账,银行尚未登账。
(2)10 月 28 日企业委托银行代收款项 4 000 元,银行已收款入账,但企业未接到银行的收款通知,因而未登记入账。
(3)10 月 29 日,企业送存购货单位签发的转账支票 15 000 元,企业已登账,银行尚未登记入账。
(4)10 月 30 日,银行代企业支付水电费 2 000 元,企业尚未接到银行的付款通知,故未登记入账。

实训要求

根据实训资料分析未达账项的原因,并编制银行存款余额调节表。

实训提示

首先详细检查本单位银行存款日记账的正确性和完整性,然后根据银行送来的对账单逐笔核对。通过核对,如果发现双方账目不一致,其主要原因可能为:一是双方账目可能发生不正常的错账、漏账;二是正常的未达账项。对于发生的错账、漏账要及时查明更正,对于未达账项则应查明后编制银行存款余额调节表以检查双方账目是否相符。

需指出的是,调节账面余额并不是更改账簿记录,对于银行已经入账而企业尚未入账的未达账项,不能根据银行存款余额调节表作账务处理。但对于长期悬置的未达账项,应及时查阅凭证、账簿及有关资料,查明原因,必要时应与银行联系,查明情况,及时解决悬账问题。

实训思考

一、财产清查的必要性是什么?
二、如何进行银行存款的清查?如何编制"银行存款余额调节表"?

银行存款余额调整表

20 年 月 日

注：此表每月最少调整一次

单位账面存款余额				银行账面存款余额			
加：银行已收单位未付				加：单位已收银行未收			
月	日	摘要	金额	月	日	摘要	金额
减：银行已付单位未付				减：单位已付银行未付			
月	日	摘要	金额	月	日	摘要	金额
调整后的存款余额				调整后的存款余额			

会计主管人员　　　　　审核　　　　　出纳员

实训二　试算平衡表的编制

通过编制试算平衡表的实训,掌握试算平衡表的编制方法。

企业单位编制会计报表之前,必须对编表所直接依据的账簿资料进行检查,观察企业发生的经济业务是否已全部入账,应该调整的账项是否已调整,该结转的账项是否已结转,特别是要检验账簿所记金额是否正确。为此,在正式编表前,必须对全部总分类账户本期发生额进行验算,以检查其正确性,一般是通过编制试算平衡表来进行的。

试算平衡表是通过计算借、贷金额是否相等来检查账户记录是否正确,如果借、贷不平衡,可以肯定账户的记录或计算有错误,应进一步查找原因,并予以纠正。如果借、贷平衡,也不能肯定记账或计算一定正确,因为有些差错并不影响借、贷双方的平衡,如漏记或重记一项经济业务,或所记金额的差错恰好相互抵消等等。因此,企业在会计核算中,除了定期进行试算平衡外,还需要通过其他方法对会计记录进行检查,以保证账户记录的正确性。

试算平衡表的格式有两种:一种是分别编制"总分类账户本期发生额试算平衡表"和"总分类账户余额试算平衡表";另一种是将本期发生额和余额合并在一张表上进行试算平衡,即编制"总分类账户本期发生额及余额试算平衡表"。本实训采用第二种格式。

试算平衡表的具体编制方法如下。

(1)期初余额栏。试算平衡表是按月编制的,故期初余额为月初余额,应根据上期总分类账户及余额表中的月末余额填列。

(2)本期发生额栏。根据总分类账户本期借、贷方发生额合计数填列。

(3)期末余额栏。根据总分类账户本期期末余额填列。

(4)验证工作。

①试算平衡表中每一总账科目应符合以下公式:

$$期初余额＋本期增加额－本期减少额＝期末余额$$

例如:现金账户的期末借方余额＝期初借方余额＋本期借方发生额－本期贷方发生额。

②最末一行"合计行"要做到6个数字3对平衡。即:

期初余额借方合计数＝期初余额贷方合计数

本期发生额借方合计数＝本期发生额贷方合计数

期末余额借方合计数＝期末余额贷方合计数

试算平衡表填制平衡后,证明总分类账记账基本正确,可以与日记账及明细分类账进行核对。若核对相符,证明总账及所属日记账、明细分类账的记账完全正确,可以据此编制会计报表。

模块二、模块三的实训资料（包括会计凭证、会计账簿）。

总分类账户发生额及余额试算平衡表

年　　月　　日

账户名称	期初余额		本期发生额		期末余额	
	借方	贷方	借方	贷方	借方	贷方

续表

账户名称	期初余额		本期发生额		期末余额	
	借方	贷方	借方	贷方	借方	贷方
合计						

实训要求

根据实训资料编制辽宁鑫源机械股份有限公司2014年11月份总分类发生额及余额试算平衡表。

实训提示

试算平衡是企业登记总分类账后编制报表前的一项必要程序,只有试算平衡后方可编制财务报表。若试算不平衡,则可进行查错和更正,待试算平衡后进行报表的编制。

必须指出,即使试算平衡表中借、贷金额相等,也不足以说明账户记录完全没有错误。因为有些错误并不影响借、贷双方的平衡,通过试算也就无法发现,如漏记或重记某项经济业务,借、贷记账方向彼此颠倒或方向正确但记错了账户等等。因此,根据试算平衡的结果,只能确认账户记录是否基本正确。

实训思考

一、为什么要编制试算平衡表?
二、如何编制试算平衡表?
三、编制试算平衡表的依据是什么?

模块五　会计报表的编制技能实训

本模块重点介绍会计核算的基本方法——编制会计报表,目的是要使初学者了解财务会计报告的有关基本概念,掌握会计报表的基本编制方法。通过编制资产负债表和利润表的实训,应掌握编制资产负债表和利润表的一般程序和基本方法。

实训一　资产负债表的编制

一、财务报告的定义与种类

(一)财务报告的定义

财务报告,是指企业对外提供的反映企业某一特定日期财务状况和某一会计期间经营成果、现金流量等会计信息的文件。财务报告的主要作用是向财务报告使用者提供真实、公允的信息,用于落实和考核企业领导人经济责任的履行情况,并有助于包括所有者在内的财务报告使用者的经济决策。我国《企业财务会计报告条例》规定:企业不得编制和对外提供虚假的或隐瞒重要事实的财务报告;企业负责人对本企业财务报告的真实性、完整性负责。

(二)财务报告的种类

在我国《企业财务会计报告条例》中规定:企业的财务报告分为年度、半年度、季度和月度财务报告。月度、季度财务报告是指月度和季度终了提供的财务报告;半年度财务报告是指在每个会计年度的前6个月结束后对外提供的财务报告;年度财务报告是指年度终了对外提供的财务报告。其中将半年度、季度和月度财务报告统称为中期财务报告。

通常情况下,企业年度财务报告的会计期间是指公历每年的1月1日至12月31日;半年度财务报告的会计期间是指公历每年的1月1日至6月30日,或7月1日至12月31日;季度财务报告的会计期间是指公历每一季度;月度财务报告的会计期间则是指公历每月1日至

上篇　会计单项模拟实训

最后1日。

二、财务报告的构成

我国《企业会计准则——基本准则》规定：企业的财务报告由会计报表、会计报表附注和其他应当在财务报告中披露的相关信息和资料组成。企业对外提供的财务报告的内容、会计报表种类和格式、会计报表附注的主要内容等，由会计准则规定；企业内部管理需要的会计报表由企业自行规定。

(一)会计报表

根据《企业会计准则——财务报表列报》的规定，企业对外提供的会计报表至少包括：资产负债表、利润表、现金流量表、所有者权益(或股东权益)变动表。

(二)会计报表附注

会计报表附注是对在资产负债表、利润表、现金流量表和所有者权益变动表等报表中列示项目的文字描述或明细资料，以及对未能在这些报表中列示项目的说明等。

三、资产负债表的内容与格式

资产负债表属于静态报表，是反映企业在某一特定日期财务状况的报表，主要提供有关企业财务状况方面的信息。通过资产负债表，可以提供企业在某一特定日期资产的总额及其结构，表明企业拥有或控制的资源及其分布情况；可以提供企业在某一特定日期的负债总额及其结构，表明企业未来需要用多少资产或劳务清偿债务以及清偿时间；可以反映企业所有者在某一特定日期所拥有的权益，据以判断资本保值、增值的情况以及对负债的保障程度。

资产负债表一般有表首、正表两部分。其中，表首概括地说明报表名称、编制单位、编制日期、报表编号、货币名称、计量单位等。正表则列示了用以说明企业财务状况的各个项目，它一般有两种格式：报告式资产负债表和账户式资产负债表。报告式资产负债表是上下结构，上半部列示资产，下半部列示负债和所有者权益。具体排列形式又有两种：一是按"资产＝负债＋所有者权益"的原理排列；二是按"资产－负债＝所有者权益"的原理排列。账户式资产负债表是左右结构，左边列示资产，右边列示负债和所有者权益。不管采取什么格式，资产各项目的合计等于负债和所有者权益各项目的合计这一等式不变。在我国，资产负债表采用账户式，资产负债表左、右双方平衡，即资产总计等于负债和所有者权益总计。

在资产负债表中，资产按照其流动性分类分项列示，包括流动资产和非流动资产；负债按照其流动性分类分项列示，包括流动负债和非流动负债等；所有者权益按照实收资本(股本)、资本公积、盈余公积、未分配利润等项目分项列示。资产负债表的基本格式和内容如表5-1所示。

表 5-1　　　　　　　　　　　　　　　资 产 负 债 表

会企 01 表

编制单位：　　　　　　　　　　　　　年　月　日　　　　　　　　　　　　　　　　　　单位：元

资　产	年初余额	期末余额	负债和股东权益	年初余额	期末余额
流动资产：			流动负债：		
货币资金			短期借款		
交易性金融资产			交易性金融负债		
应收票据			应付票据		
应收账款			应付账款		
预付账款			预收款项		
应收利息			应付职工薪酬		
应收股利			应交税费		
其他应收款			应付利息		
存货			应付股利		
一年内到期的非流动资产			其他应付款		
其他流动资产			一年内到期的非流动负债		
流动资产合计			其他流动负债		
非流动资产：			流动负债合计		
可供出售金融资产			非流动负债：		
持有至到期投资			长期借款		
长期应收款			应付债券		
长期股权投资			长期应付款		
投资性房地产			专项应付款		
固定资产			预计负债		
在建工程			递延所得税负债		
工程物资			其他非流动负债		
固定资产清理			非流动负债合计		
无形资产			负债合计		
开发支出			股东权益：		
长期待摊费用			实收资本（或股本）		
递延所得税资产			资本公积		
其他非流动资产			盈余公积		
非流动资产合计			未分配利润		
			股东权益合计		
资产总计			负债和股东权益总计		

四、资产负债表的编制方法

(一)资产负债表中的"年初数"和"期末数"

《企业会计准则》规定:年度、半年度会计报表至少应当反映两个年度或者相关两个期间的比较数据。也就是说,企业需要提供比较资产负债表,所以,资产负债表各项目需要分为"年初数"和"期末数"两栏分别填列。

表中"年初数"栏内各项目数字,应根据上年末资产负债表"期末数"栏内所列数字填列。如果本年度资产负债表规定的各个项目的名称和内容同上年度不相一致,应对上年末资产负债表各项目的名称和数字按照本年度的规定进行调整,按调整后的数字填入本表"年初数"栏内。

"期末数"是指某一会计期末的数字,即月末、季末、半年末或年末的数字。资产负债表各项目"期末数"栏内的数字,可通过以下几种方式取得。

(1)根据总账余额直接填列。如"短期借款"、"应收股利"等项目。

(2)根据总账余额计算填列。如"货币资金"项目,需要根据"库存现金"、"银行存款"、"其他货币资金"账户的期末余额合计数填列。

(3)根据明细账余额计算填列。如"应付账款"项目,需要根据"应付账款"、"预付账款"账户所属相关明细账的期末贷方余额计算填列。

(4)根据总账和明细账余额分析计算填列。如"长期借款"项目,需要根据"长期借款"总账期末余额,扣除"长期借款"总账所属明细账中反映的、将于一年内到期的长期借款部分,分析计算填列。

(5)根据有关项目数字抵消计算填列,以反映其净额。如"固定资产"项目是用"固定资产"账户余额减去"累计折旧"和"固定资产减值准备"后的净额填列。

(二)资产负债表中各项目的填列方法

(1)"货币资金"项目,反映企业库存现金、银行存款、外埠存款、银行汇票存款、银行本票存款、信用证保证金存款等的合计数。本项目应根据"库存现金"、"银行存款"、"其他货币资金"账户的期末余额合计填列。

(2)"交易性金融资产"项目,反映企业购入的各种能随时变现并准备随时变现的股票、债券和基金投资。本项目应根据"交易性金融资产"账户的期末余额填列。

(3)"应收票据"项目,反映企业收到的未到期也未向银行贴现的应收票据,包括商业承兑汇票和银行承兑汇票。本项目应根据"应收票据"账户的期末余额填列。已向银行贴现和已背书转让的应收票据不包括在本项目内。

(4)"应收账款"项目,反映企业因销售商品、产品和提供劳务等而应向购买单位收取的各种款项,减去已计提的坏账准备后的净额。本项目应根据"应收账款"账户所属各明细科目的期末借方余额合计,减去"坏账准备"账户中有关应收账款计提的坏账准备期末余额后的金额填列。

(5)"预付账款"项目,反映企业预付给供应单位的款项。本项目应根据"预付账款"账户所属各明细账的期末借方余额合计填列。如"预付账款"账户所属有关明细账期末有贷方余额的,应在本表"应付账款"项目内填列。如"应付账款"账户所属明细账有借方余额的,也应包括在本项目内。如"应收账款"账户所属明细账期末有贷方余额的,应在本表"预收账款"项目内填列。

（6）"应收利息"项目,反映企业因债权投资而应收取的利息。本项目应根据"应收利息"账户的期末余额填列。

（7）"应收股利"项目,反映企业因股权投资而应收取的现金股利,企业应收其他单位的利润也包括在本项目内。本项目应根据"应收股利"账户的期末余额填列。

（8）"其他应收款"项目,反映企业对其他单位和个人的应收和暂付的款项,减去已计提的坏账准备后的净额。本项目应根据"其他应收款"账户的期末余额,减去"坏账准备"账户中有关其他应收款计提的坏账准备期末余额后的金额填列。

（9）"存货"项目,反映企业期末库存、在途和加工中的各项存货的价值,包括各种材料、商品、在产品、半成品、包装物、低值易耗品等。本项目应根据"在途物资"（或"材料采购"）、"原材料"、"周转材料"、"库存商品"、"委托加工物资"、"生产成本"等账户的期末余额合计,减去"存货跌价准备"账户期末余额后的金额填列。材料采用计划成本核算,以及库存商品采用计划成本核算的企业,还应按加或减材料成本差异后的金额填列。

（10）"其他流动资产"项目,反映企业除以上流动资产项目外的其他流动资产。本项目应根据有关账户的期末余额填列。如其他流动资产价值较大的,应在会计报表附注中披露其内容和金额。

（11）"可供出售金融资产"项目,反映期末企业可供出售金融资产的公允价值,包括企业持有的划分为可供出售的股票投资、债券投资等金融资产。本项目按照可供出售金融资产的账面余额减去"可供出售金融资产减值准备"后的余额填列。

（12）"持有至到期投资"项目,反映期末企业的持有至到期投资的摊余成本减去持有至到期投资减值准备后的余额。

（13）"长期应收款"项目,反映期末企业尚未收回的各种长期应收款项的余额,包括融资租赁产生的应收款项、采用递延方式具有融资性质的销售商品和提供劳务等产生的款项等。

（14）"长期股权投资"项目,反映企业持有的采用成本法和权益法核算的长期股权投资的价值。

（15）"投资性房地产"项目,反映企业持有的投资性房地产的成本。企业采用公允价值计量模式计量的投资型房地产,反映投资性房地产的公允价值。

（16）"固定资产"项目,反映企业的各种固定资产的净值。对融资租入的固定资产,其原价及已提折旧也包括在内。融资租入固定资产的原价应在会计报表附注中另行反映。本项目应根据"固定资产"账户余额减去"累计折旧"账户和"固定资产减值准备"账户余额后的金额填列。

（17）"在建工程"项目,反映企业期末各项未完工程的实际支出,包括交付安装的设备价值,未完建筑安装工程已经耗用的材料、工资和费用支出、预付出包工程的价款,已经建筑安装完毕但尚未交付使用的工程等的可收回金额。本项目应根据"在建工程"账户的期末余额,减去"在建工程减值准备"账户期末余额后的金额填列。

（18）"工程物资"项目,反映企业为再建工程准备的各种物资的成本,包括工程用材料、尚未安装的设备以及为生产准备的工器具等。

（19）"固定资产清理"项目,反映企业因出售、毁损、报废等原因转入清理但尚未清理完毕的固定资产的账面价值,以及固定资产清理过程中所发生的清理费用和变价收入等各项金额的差额。本项目应根据"固定资产清理"账户的期末借方余额填列。如"固定资产清理"账户期末为贷方余额,以"-"号填列。

(20)"无形资产"项目,反映企业各项无形资产的期末可收回金额。本项目应根据"无形资产"账户的期末余额,减去"无形资产减值准备"账户期末余额后的金额填列。

(21)"开发支出"项目,反映企业自行研究开发无形资产在期末尚未完成开发阶段的无形资产的价值。本项目应根据"研发支出"账户的期末余额填列。

(22)"长期待摊费用"项目,反映企业尚未摊销的摊销期限在1年以上(不含1年)的各种费用,如租入固定资产改良支出、摊销期限在1年以上(不含1年)的其他待摊费用。长期待摊费用中在1年内(含1年)摊销的部分,应在本表"待摊费用"项目填列。本项目应根据"长期待摊费用"账户的期末余额减去1年内(含1年)摊销的数额后的金额填列。

(23)"递延所得税资产"项目,反映企业确认的递延所得税资产的期末余额。

(24)"其他非流动资产"项目,反映企业除以上资产以外的其他长期资产。本项目应根据有关账户的期末余额填列。如其他长期资产价值较大的,应在会计报表附注中披露其内容和金额。

(25)"短期借款"项目,反映企业借入但尚未归还的1年期以下(含1年)的借款。本项目应根据"短期借款"账户的期末余额填列。

(26)"交易性金融负债"项目,反映企业承担的交易性金融负债的公允价值。

(27)"应付票据"项目,反映企业为了抵付货款等而开出、承兑的尚未到期付款的应付票据,包括银行承兑汇票和商业承兑汇票。本项目应根据"应付票据"账户的期末余额填列。

(28)"应付账款"项目,反映企业购买原材料、商品和接受劳务供应等而应付给供应单位的款项。本项目应根据"应付账款"账户所属各有关明细账的期末贷方余额合计填列。如"应付账款"账户所属各明细账期末有借方余额,应在本表"预付账款"项目内填列。

(29)"预收账款"项目,反映企业预收购买单位的账款。本项目应根据"预收账款"科目所属各有关明细科目的期末贷方余额合计填列。如"预收账款"科目所属有关明细科目有借方余额的,应在本表"应收账款"项目内填列;如"应收账款"科目所属明细科目有贷方余额的,也应包括在本项目内。

(30)"应付职工薪酬"项目,反映企业应付而未付的职工薪酬。应付职工薪酬包括应付职工的工资、奖金、津贴和补贴、职工福利费和医疗保险费、养老保险费等各种保险费以及住房公积金等。本项目应根据"应付职工薪酬"账户期末贷方余额填列。如"应付职工薪酬"账户期末有借方余额,以"-"号填列。

(31)"应交税费"项目,反映企业期末未交、多交或未抵扣的各种税金和其他费用。本项目应根据"应交税费"账户的期末贷方余额填列。如"应交税费"账户期末为借方余额,以"-"号填列。

(32)"应付利息"项目,反映企业应付而未付的利息,主要指企业按照合同约定应支付的利息,包括吸收存款、分期付息到期还本的长期借款、企业债券等应支付的利息。本项目应根据"应付利息"账户的期末余额填列。

(33)"应付股利"项目,反映企业尚未支付的现金股利或利润。本项目应根据"应付股利"账户的期末余额填列。

（34）"其他应付款"项目，反映企业所有应付和暂收其他单位和个人的款项。本项目应根据"其他应付款"账户的期末余额填列。

（35）"一年内到期的非流动负债"项目，反映长期负债各项目中将于1年内（含1年）到期的长期负债的金额。

（36）"其他流动负债"项目，反映企业除以上流动负债以外的其他流动负债。本项目应根据有关账户的期末余额填列。如其他流动负债价值较大的，应在会计报表附注中披露其内容及金额。

（37）"长期借款"项目，反映企业借入但尚未归还的1年期以上（不含1年）的借款本息。本项目应根据"长期借款"账户的期末余额填列。

（38）"应付债券"项目，反映企业发行的尚未偿还的各种长期债券的本息。本项目应根据"应付债券"账户的期末余额填列。

（39）"长期应付款"项目，反映企业除长期借款和应付债券以外的应付而未付的各种长期应付款项，包括应付融资租入固定资产的租赁费、以分期付款方式购入固定资产等发生的应付款项等。本项目根据"长期应付款"账户的期末余额填列。

（40）"专项应付款"项目，反映企业尚未转销的政府作为企业所有者投入的具有专项或特定用途的款项。本项目应根据"专项应付款"账户的期末余额填列。

（41）"预计负债"项目，反映企业预计负债的期末余额。本项目应根据"预计负债"账户的期末余额填列。

（42）"递延所得税负债"项目，反映企业已确认的递延所得税负债。

（43）"其他非流动负债"项目，反映企业除以上长期负债项目以外的其他长期负债。本项目应根据有关账户的期末余额填列。如其他长期负债价值较大的，应在会计报表附注中披露其内容和金额。

上述长期负债各项目中将于1年内（含1年）到期的长期负债，应在"一年内到期的长期负债"项目内单独反映。上述长期负债各项目均应根据有关科目期末余额减去将于1年内（含1年）到期的长期负债后的金额填列。

（44）"实收资本（或股本）"项目，反映企业各投资者实际投入的资本（或股本）总额。本项目应根据"实收资本（或股本）"账户的期末余额填列。

（45）"资本公积"项目，反映企业资本公积的期末余额。本项目应根据"资本公积"账户的期末余额填列。

（46）"盈余公积"项目，反映企业盈余公积的期末余额。本项目应根据"盈余公积"账户的期末余额填列。

（47）"未分配利润"项目，反映企业尚未分配的利润。本项目应根据"本年利润"账户和"利润分配"账户的余额计算填列。未弥补的亏损，在本项目内以"—"号填列。

模块二、模块三、模块四的实训资料（包括会计凭证、会计账簿、试算平衡表等）。

资产负债表

会企01表

编制单位：　　　　　　　　　　　　年　月　日　　　　　　　　　　　　单位：元

资　产	年初余额	期末余额	负债和股东权益	年初余额	期末余额
流动资产：			流动负债：		
货币资金			短期借款		
交易性金融资产			交易性金融负债		
应收票据			应付票据		
应收账款			应付账款		
预付账款			预收款项		
应收利息			应付职工薪酬		
应收股利			应交税费		
其他应收款			应付利息		
存货			应付股利		
一年内到期的非流动资产			其他应付款		
其他流动资产			一年内到期的非流动负债		
流动资产合计			其他流动负债		
非流动资产：			流动负债合计		
可供出售金融资产			非流动负债：		
持有至到期投资			长期借款		
长期应收款			应付债券		
长期股权投资			长期应付款		
投资性房地产			专项应付款		
固定资产			预计负债		
在建工程			递延所得税负债		
工程物资			其他非流动负债		
固定资产清理			非流动负债合计		
无形资产			负债合计		
开发支出			股东权益：		
长期待摊费用			实收资本（或股本）		
递延所得税资产			资本公积		
其他非流动资产			盈余公积		
非流动资产合计			未分配利润		
			股东权益合计		
资产总计			负债和股东权益总计		

根据实训资料编制辽宁鑫源机械股份有限公司 2014 年 11 月份资产负债表。

（1）编制资产负债表首先要搜集、准备、整理有关资料，并对这些资料进行认真的审核，以保证资料真实、正确。

（2）按照国家规定的表格形式和项目内容逐项填写。其中，资产负债表中的"年初数"，应根据上年末资产负债表中的有关资料填列；"本期数"根据已试算平衡的总账和明细账的余额直接填列，或根据已试算平衡的总账和明细账的余额之差（或之和）计算分析填列。

（3）资产负债表的编制基础是试算平衡表和总账发生额及余额对照表，但总账中的会计科目和资产负债表中的项目不是一一对应的，这就要求资产负债表的编制人员要根据总账中的会计科目余额分析填列或者与明细账进行分析填列。例如，资产负债表中的"货币资金"项目应根据总账中的库存现金和银行存款科目余额合计填列；"应付账款"项目，应根据"应付账款"账户所属各有关明细账的期末贷方余额合计填列，如果"应付账款"账户所属各明细账期末有借方余额，应在资产负债表"预付账款"项目内填列。

一、为什么要编制资产负债表？
二、编制资产负债表的直接依据是什么？资产负债表的内容与其理论依据有什么关系？
三、如何编制资产负债表？
四、编制资产负债表应注意些什么问题？

实训二　利润表的编制

一、利润表的内容与格式

利润表属于动态报表，是反映企业在一定会计期间经营成果的报表，主要提供有关企业经营成果方面的信息。通过利润表，可以反映企业一定会计期间的收入实现情况和费用耗费情况；可以反映企业一定会计期间生产经营活动的成果，据以判断资本保值、增值情况。

一般情况下，利润表主要反映以下几方面的内容。（1）构成营业利润的各项要素。从营业收入出发，减去营业成本、营业税金及附加和销售费用、管理费用、财务费用等项目后得出营业利润。(2)构成利润总额的各项要素。在营业利润的基础上,加上营业外收入、减去营业外支出等后得出利润总额。(3)构成净利润的各项要素。在利润总额的基础上,减去所得税费用后得出净利润。

利润表一般有表首、正表两部分。其中,表首概括地说明报表名称、编制单位、编制日期、报表编号、货币名称、计量单位等;正表反映形成经营成果的各个项目和计算过程。

利润表正表的格式一般有两种:单步式利润表和多步式利润表。单步式利润表是将当期所有的收入列在一起,然后将所有的费用列在一起,两者相减得出当期净损益。多步式利润表是通过对当期的收入、费用、支出项目按性质加以归类,按利润形成的主要环节列示一些中间性利润指标,如营业利润、利润总额、净利润,分步计算当期净损益。在我国,利润表一般采用多步式,具体格式和内容如表5-2所示。

表 5-2   利 润 表

会企 02 表

编制单位: 年   月   单位:元

项　　目	本期金额	上期金额
一、营业收入		
减:营业成本		
营业税金及附加		
销售费用		
管理费用		
财务费用		
资产减值损失		
加:公允价值变动收益(损失以"－"号填列)		
投资收益(损失以"－"号填列)		
其中:对联营企业和合营企业的投资收益		
二、营业利润(亏损以"－"号填列)		
加:营业外收入		
减:营业外支出		
其中:非流动资产处置损失		
三、利润总额(亏损总额以"－"号填列)		
减:所得税费用		
四、净利润(净亏损以"－"号填列)		
五、其他综合收益		
六、其他综合收益税后净额		
七、综合收益总额		
八、每股收益:		
(一)基本每股收益		
(二)稀释每股收益		

二、利润表的编制方法

(一)利润表中的"本期金额"与"上期金额"

《企业会计准则》规定:年度、半年度会计报表至少应当反映两个年度或者相关两个期间的比较数据。也就是说,企业需要提供比较利润表,所以,利润表各项目需要分为"本期金额"和"上期金额"两栏分别填列。

利润表中"本期金额"栏反映各项目的本期实际发生数。"上期金额"栏应根据上年该期利润表"本期金额"栏内所列数字填列。如果上年该期利润表规定的各个项目的名称和内容同本期不相一致,应对上年该期利润表各项目的名称和数字按本期的规定进行调整,填入"上期金额"栏。

对于月度利润表,报表中"本月数"应根据试算平衡后有关总账和明细账的本期发生额填列;表中"本年累计数"反映截至报告期的累计发生总额。

(二)利润表中各项目的填列方法

利润表中各项目的金额,一般是根据有关账户的本期发生额来填列的。"本月数"栏内各项数字,根据以下方法填列。

(1)"营业收入"项目,反映企业经营业务所取得的收入总额。本项目应根据"主营业务收入"账户和"其他业务收入"账户的发生额合计填列。

(2)"营业成本"项目,反映企业经营业务发生的实际成本。本项目应根据"主营业务成本"账户和"其他业务支出"账户的发生额合计填列。

(3)"营业税金及附加"项目,反映企业经营业务应负担的营业税、消费税、城市维护建设税、资源税、土地增值税和教育费附加等。本项目应根据"营业税金及附加"账户的发生额分析填列。

(4)"销售费用"项目,反映企业在销售商品和商品流通企业在购入商品等过程中发生的费用。本项目应根据"销售费用"账户的发生额分析填列。

(5)"管理费用"项目,反映企业发生的管理费用。本项目应根据"管理费用"账户的发生额分析填列。

(6)"财务费用"项目,反映企业发生的财务费用。本项目应根据"财务费用"账户的发生额分析填列。

(7)"资产减值损失"项目,反映企业因资产减值而发生的损失。本项目应根据"资产减值损失"账户的发生额分析填列。

(8)"公允价值变动收益"项目,反映企业资产因公允价值变动而发生的损益。本项目应根据"公允价值变动收益"账户的发生额分析填列。

(9)"投资收益"项目,反映企业以各种方式对外投资所取得的收益。本项目应根据"投资收益"账户的发生额分析填列。如为投资损失,以"一"号填列。

(10)"营业利润"项目,反映企业日常经营活动过程中的经营成果。它是狭义收入与狭义费用配比后的结果。如为亏损,以"一"号填列。

(11)"营业外收入"项目,反映企业发生的与其经营活动无直接关系的各项收入。本项目应根据"营业外收入"账户的发生额分析填列。

(12)"营业外支出"项目,反映企业发生的与其经营活动无直接关系的各项支出。本项目应根据"营业外支出"账户的发生额分析填列。

(13)"利润总额"项目,反映企业营业利润加上营业外收入,减去营业外支出后的金额。如为亏损,以"-"号填列。

(12)"所得税费用"项目,反映企业按规定从本期损益中减去的所得税。本项目应根据"所得税费用"账户的发生额分析填列。

(13)"净利润"项目,反映企业实现的净利润,是利润总额减去所得税费用后的金额。它是广义收入与广义费用配比后的结果。如为净亏损,以"-"号填列。

(14)"基本每股收益"和"稀释每股收益"项目,反映企业根据每股收益准则计算的两种每股收益指标的金额。

模块二、模块三、模块四的实训资料(包括会计凭证、会计账簿、试算平衡表等)。

利 润 表

会企 02 表
编制单位：　　　　　　　　　　　　　　　年　月　　　　　　　　　　　　　　单位:元

项　目	本月数	本年累计数
一、营业收入		
减：营业成本		
营业税金及附加		
销售费用		
管理费用		
财务费用		
资产减值损失		
加：公允价值变动收益（损失以"－"号填列）		
投资收益（损失以"－"号填列）		
其中：对联营企业和合营企业的投资收益		
二、营业利润（亏损以"－"号填列）		
加：营业外收入		
减：营业外支出		
其中：非流动资产处置损失		
三、利润总额（亏损总额以"－"号填列）		
减：所得税费用		
四、净利润（净亏损以"－"号填列）		
五、其他综合收益		
六、其他综合收益税后净额		
七、综合收益总额		
八、每股收益：		
（一）基本每股收益		
（二）稀释每股收益		

上篇　会计单项模拟实训

实训要求

根据实训资料编制辽宁鑫源机械股份有限公司 2014 年 11 月份利润表。

实训提示

(1) 编制利润表也应搜集、准备、整理有关资料,并对这些资料进行认真的审核,以保证编表资料真实、正确。

(2) 按照国家规定的表格形式和项目内容逐项填写。表中"本月数"应根据试算平衡后有关总账和明细账的本期发生额填列;表中"本年累计数"反映截至报告期的累计发生总额。

(3) 核对资产负债表和利润表中有关项目是否正确,借以了解两表之间的钩稽关系。

实训思考

一、为什么要编制利润表？如何编制利润表？
二、资产负债表和利润表存在哪些钩稽关系？
三、利润表的内容与其理论依据有什么关系？
四、编制利润表的直接依据是什么？

下篇//综合实训

综合实训是在各单项模拟实训的基础上,按各种会计核算形式所进行的系统的、全面的实训,着重训练学生对完整的账务处理程序和会计循环的把握,从而系统、全面、连续、有效地核算和监督企业资金运动的过程和结果,并进一步巩固和提高上篇分模块实训的技能。

本实训模拟辽宁鑫源机械股份有限公司2014年12月的经济业务,在会计政策、机构设置、业务内容等方面与上篇分模块实训保持了一致性,相关资料信息见上篇。

一、实训企业2014年12月初的有关资料

1. 总账账户的期初余额资料

总分类账户期初余额表

2014年11月30日   单位:元

账户名称	借 方	贷 方
库存现金	745	
银行存款	2 122 238	
应收账款	7 919 300	
应收票据	460 720	
预付账款	146 320	
其他应收款	27 000	
原材料	3 549 960	
生产成本	0	
库存商品	7 235 940	
在建工程	0	
固定资产	30 572 395	
无形资产	200 000	
累计折旧		8 878 240
坏账准备		182 040
短期借款		2 400 000
应付账款		2 890 520
应付票据		600 000

续表

账户名称	借　方	贷　方
预收账款		300 000
其他应付款		60 300
应交税费		3 277 630
应付职工薪酬		1 528 620
应付股利		1 037 500
应付利息		33 500
长期借款		500 000
实收资本		20 000 000
资本公积		400 000
盈余公积		1 056 000
利润分配		4 112 500
本年利润		4 977 768
合计	52 234 618	52 234 618

2. 有关明细账户的期初余额资料

(1)"应收账款"明细账户期初余额

　　应收账款——锦州永丰　　　　　　　　　　3 239 300
　　　　　　——营口立邦　　　　　　　　　　4 680 000

(2)"应付账款"明细账户期初余额

　　应付账款——鞍山华星　　　　　　　　　　1 474 200
　　　　　　——抚顺联达　　　　　　　　　　1 416 320

(3)"原材料"、"库存商品"明细账户期初余额

总账账户	明细账户	账页格式	计量单位	数量	单位成本	金额
原材料	方钢	数量金额式	千克	5 340		1 070 000
	圆钢	数量金额式	千克	20 658		2 479 960
	合计	—	—	—	—	3 549 960
库存商品	输送机	数量金额式	台	260		4 221 720
	装箱机	数量金额式	台	680		3 014 220
	合计	—	—	—	—	7 235 940

二、实训企业2014年12月份发生的经济业务

(1) 12月1日,公司开出现金支票从开户银行基本户提取现金,以备零星开支用。

```
          中国工商银行
          现金支票存根        (辽)

          B    S
          ─    ─    11223309
          0    2
          附加信息


          出票日期  2014年 12月 1日

          收款人:辽宁鑫源机械公司
          金  额:¥2 000.00
          用  途:备用金

          单位主管 赵翔  会计 李丽
```

(2) 12月1日,从开户银行工商银行取得流动资金贷款,年利率为9%。

短期借款申请书

2014年12月1日

企业名称	辽宁鑫源机械股份有限公司	法人代表	姜志鹏	企业性质	股份有限公司
地址	辽宁省沈阳市顺义路21号	财务负责人	赵翔	联系电话	024-55828128
经营范围	生产并销售机械设备	主管部门			
借款期限	自2014年12月1日至2015年5月31日			申请金额	1 00 000.00
主要用途及效益说明: 本公司近半年来,产品销售情况有所好转,但由于回收货款较困难,特申请短期贷款。					
申请单位财务章: 辽宁鑫源机械股份公司财务专用章		信贷员意见:			
财务部门负责人: 赵翔 经办人: 李丽		行主管领导: 张丰		信贷部门负责人: 李军	

(3)12月1日,公司与光明机械公司签订固定资产租赁协议,将一台设备出租给对方,期限是2014年12月1日至2015年11月30日。对方已将全年的固定资产租赁费以转账支票方式支付公司,已办妥银行进账手续。

中国工商银行 **进账单**(收账通知) 3

2014 年 12 月 01 日

出票人	全 称	光明机械公司		收款人	全 称	辽宁鑫源机械公司									
	账 号	略			账 号	320778815834045									
	开户银行	略			开户银行	工商银行顺义路支行									
金额	人民币(大写):贰万肆仟元整					百	十万	千	白	十	元	角	分		
						¥	2	4	0	0	0	0			
票据种类	转账支票	票据张数	壹												
票据号码	**88889911**														
复核 周正亿 记账 刘 明				收款人开户银行签章											

此联是银行给收款人的收账通知

(4)12月2日,公司与辽宁晚报广告部签订刊登3个月招聘营销人员的广告合同,期限是2014年12月1日至2015年2月28日,以现金支票支付广告费。

(5)12月2日,公司开出转账支票预付给抚顺联达公司订购圆钢。

中国工商银行
转账支票存根 （辽）

$\dfrac{B}{0} \dfrac{S}{2}$　11223311

附加信息

出票日期2014年 12月 2日

收款人:抚顺联达公司
金　额:￥100 000.00
用　途:订购圆钢

单位主管 赵翔　会计 李丽

(6)12月3日,公司接受长春荣达公司的投资,存入银行,已办完各种手续。

中国工商银行进账单（收账通知） 3

2014年 12月 03日

出票人	全 称	长春荣达公司	收款人	全 称	辽宁鑫源机械公司
	账 号	略		账 号	320778815834045
	开户银行	略		开户银行	工商银行顺义路支行
金额	人民币（大写）：贰佰万元整			百十万千百十元角分 2 0 0 0 0 0 0 0	
票据种类	转账支票	票据张数	壹	中国工商银行 沈阳市顺义路支行 2014.12.03 转讫	
票据号码	88889911				
	复核 周正亿　记账 刘明			收款人开户银行签章	

此联是银行给收款人的收账通知

(7)12月4日,归还抚顺联达应付账款,款项通过银行以电汇方式结算。汇兑手续已办妥,银行另外收取汇费及手续费100元,以现金支付。

		中国工商银行电汇凭证（回单）			NO：0287350	
汇款人	全称	辽宁鑫源机械股份有限公司	收款人	全称	抚顺联达有限公司	此联给汇款人的回单
	账号或住址	320778815834045		账号或住址	335522989675354	
	汇出地点	沈阳	汇出行名称	工行顺义路支行	汇入地点	抚顺	汇入行名称	建行长兴路支行	
金额	人民币（大写）贰拾贰万元整				千百十万千百十元角分 ¥ 2 2 0 0 0 0 0 0	
汇款用途：往来						
上列款项已根据委托办理,如需查询,请持此回			汇出行盖章		年 月 日	
会计 出纳 记账						

(8)12月5日,公司以现金支票预付明年的报纸杂志订阅费。

辽宁省沈阳市服务业统一发票

发 票 联

发票代码 221020871312
发票号码

付款单位:辽宁鑫源机械公司　　2014年12月5日

项　目	单　位	数　量	单　价	金额 十万千百十元角分	
报刊杂志费				2 4 0 0 0 0	② 报销凭证
合计金额（大写）	⊗拾⊗万贰仟肆佰零拾零元零角零分			￥2 4 0 0 0 0	

收款单位（盖章有效）　　　收款人:　　　开票人:张芳

中国工商银行　　（辽）

现金支票存根

B S　　11223312
0 2

附加信息

出票日期 2014年 12月5日

收款人:沈阳日报社

金　额:￥2 400.00

用　途:报刊费

单位主管 赵翔　会计 李丽

(9)12月5日,生产输送机领用方钢1 000千克,圆钢3 000千克。

辽宁鑫源机械股份有限公司

领 料 单

领料单位:车间
用　　途:生产输送机
2014年12月5日
编号:
仓库:1

材料类别	材料编号	材料名称	规格	计量单位	数量 请领	数量 实发	单价	金额
		方钢		千克	1 000	1 000	200	200 000
		圆钠		千克	3 000	3 000	120	360 000

记账　　　发料 孔飞　　　领料单位负责人 赵萧　　　领料

---

(10)12月6日,公司从华联商场购入一台需要安装的设备,并发生运输费用,款项通过转账支票支付,设备投入安装。

辽宁省增值税专用发票　　№ 4005010

开票日期:　2014年12月6日

购货单位	名　　称:辽宁鑫源机械股份有限公司 纳税人识别号:320288789541123 地　址、电　话:沈阳市顺义路21号02455828128 开户行及账号:工商银行顺义路支行320778815834045	密码区	略

货物或应税劳务名称	规格型号	单位	数量	单价	金额	税率	税额
设备		台	1	520000.00	520,000.00	17%	88,400.00
合　计					520,000.00		88,400.00

价税合计(大写)	人民币陆拾万捌仟肆佰元整	小写	￥608,400.00

销货单位	名　　称:华联商场 纳税人识别号:略 地　址、电　话:略 开户行及账号:略	备注	

收款人:　　　复核:　　　开票人:李华　　　销货单位:(章)

公路、内河公路、内河货物运输业统一发票

开票日期： 2014 年 12 月 6 日　　　**发 票 联**　　　发票代码：221050540144
　　　　　　　　　　　　　　　　　　　　　　　　　　　　　发票号码：00008871

机打代码 机打号码 机器编号	（略）	税控码	（略）
收货人及 纳税人识别号	320288789541123	承运人及 纳税人识别号	
发货人及 纳税人识别号		主管税务机关 及代码	
运输项目及金额	设备 520000 元	其他项目及金额		备注　（手写无效） 承运人盖章
运费小计	300 元	其他费用小计	无
合计（大写）	人民币叁佰元整	（小写）￥300.00	

开票人：张华

中国工商银行　　（辽）
转账支票存根
$\dfrac{B}{0}\dfrac{S}{2}$　11223313
附加信息

出票日期 2014年 12月 6日

| 收款人：华联商场 |
| 金　额：￥608400.00 |
| 用　途：购买设备 |

单位主管 赵翔　会计 李丽

中国工商银行　　（辽）
转账支票存根
$\dfrac{B}{0}\dfrac{S}{2}$　11223314
附加信息

出票日期 2014年 12月 6日

| 收款人：顺丰物流公司 |
| 金　额：￥300.00 |
| 用　途：运输费用 |

单位主管 赵翔　会计 李丽

(11)12月6日,开出现金支票购买办公用品。

辽宁省沈阳市服务业统一发票

发 票 联

发票代码 221020871312
发票号码

付款单位:辽宁鑫源机械公司　　2014年12月6日

项　　　目	单　位	数　量	单　价	金　额 十万千百十元角分	② 报销凭证
办公用品				1 1 8 0 0 0	
合计金额（大写）	⊗拾⊗万壹仟壹佰捌拾零元零角零分			￥1 1 8 0 0 0	

收款单位（盖章有效）　　　收款人：　　　开票人：李华

中国工商银行　　　（辽）

现金支票存根

$\dfrac{B}{0} \dfrac{S}{2}$　　11223315

附加信息

出票日期 2014年 12月 6日

收款人:新华办公用品公司

金　额:￥1 180.00

用　途:办公用品

单位主管赵翔　会计 李丽

(12) 12月6日，公司收到永丰公司前欠货款，存入银行。

中国工商银行 进账单（收账通知） 3

2014 年 12 月 6 日

出票人	全称	永丰公司		收款人	全称	辽宁鑫源机械公司
	账号	略			账号	320778815834045
	开户银行	略			开户银行	工商银行顺义路支行
金额	人民币（大写）：伍拾万元整					￥ 5 0 0 0 0 0 0 0 （百十万千百十元角分）
票据种类	转账支票	票据张数	壹			收款人开户银行签章

中国工商银行
沈阳市顺义路支行
2014.12.6
转讫

此联是银行给收款人的收账通知

---

(13) 12月7日，向华星公司签发并承兑商业汇票，购入方钢；另外，公司用银行存款支付该材料的运杂费。材料尚未到达。

辽宁省增值税专用发票   № 4005010

发票联   开票日期： 2014年12月7日

购货单位	名称：辽宁鑫源机械股份有限公司 纳税人识别号：320288789541123 地址、电话：沈阳市顺义路21号 02455828128 开户行及账号：工商银行顺义路支行 320778815834045			密码区		略		
货物或应税劳务名称	规格型号	单位	数量	单价	金额	税率	税额
方钢		千克	1000	205.00	205,000.00	17%	34,850.00
合计					205,000.00		34,850.00
价税合计(大写)	人民币贰拾叁万玖仟捌佰伍拾元整						￥239,850.00
销货单位	名称：鞍山华星有限责任公司 纳税人识别号：略 地址、电话：略 开户行及账号：略			注		3208843316613231 发票专用章		

收款人：　　　复核：　　　开票人：李华　　　销货单位：（章）

第二联 发票联

下篇 综合实训

```
        中国工商银行
                    （辽）
        转账支票存根

    B  S    11223316
    ─  ─
    0  2
    附加信息


    出票日期2014年 12月 7日


    收款人:长兴运输公司
    金  额:￥1 600.00
    用  途:运费


    单位主管 赵翔 会计 李丽
```

商业承兑汇票　　　　　　　　XX00005

出票日期　贰零壹肆 年 壹拾贰 零柒日　　　　　　第　号
（大写）

付款人	全　称	辽宁鑫源机械股份有限公司	收款人	全　称	华星公司									
	账　号	320778815834045		账　号	略									
	开户行	工行　　　行号		开户行	工行　　　行号									
	人民币（大写）	贰拾叁万玖仟捌佰伍拾元整				千	百	十	万	千	百	十	元	角	分
								￥	2	3	9	8	5	0	0

汇票到期日 略　　　　交易合同号码

中国工商银行
沈阳市顺义路支行
2014.12.07
转讫

承兑人签章
承兑日期　年　月　日　　　　　　　　　出票人签章

(14)12月8日,收到北京新宇投资公司投资款的支票,开出收据,支票交存银行,已办妥进账手续。

中国工商银行进账单（收账通知） 3

2014 年 12 月 08 日

出票人	全 称	北京新宇投资公司	收款人	全 称	辽宁鑫源机械公司	此联是银行给收款人的收账通知
	账 号	略		账 号	320778815834045	
	开户银行	略		开户银行	工商银行顺义路支行	
金额	人民币（大写）：伍拾万元整				百十万千百十元角分 ¥ 5 0 0 0 0 0 0 0	
票据种类	转账支票	票据张数	壹	中国工商银行 沈阳市顺义路支行 2014.12.08 收款人开户银行签章		

(15)12月9日,公司会计李丽报销市内交通费,付给现金。

市内车票报销单

部门

姓名　　　　　2014 年 12 月 09 日

月	日	办公内容	乘车路线	车票张数	合计
12	3	购买办公用品		2	34
12	6	加班		1	26
合计	大写：⊗佰　陆拾　零元　零角　零分				小写：60.00

会计审核：　　　　　主管部门负责人：　　　　　领款人：李丽

(16)12月10日,公司月初预付款的圆钢到货,随货附来的发票注明3 000千克,每千克125元,不足款项当即通过银行支付,材料入库结转成本。

```
        中国工商银行
        转账支票存根  (辽)

        B   S
        ─── ───    11223317
        0   2
        附加信息


        出票日期2014年12月10日

        收款人：抚顺联达公司
        金　额：￥338 750.00
        用　途：货款

        单位主管 赵翔  会计 李丽
```

(17) 12月10日，上述12月7日购买的方钢到货并验收入库，结转成本。

原材料入库单

验收日期　2014年12月10日　　编号：

品名	规格	单位	数量		实际价格			
			订单数	实际数	单价	总价	运杂费	合计
方钢		千克	1000	1000	205.00	205,000.00	1,600.00	206,600.00
合计						205,000.00	1,600.00	206,600.00
备注								

供销主管：　　　　　验收主管：李浩　　采购：

第三联　会计记账联

(18)12月11日,公司的仓库发出原材料,用途如下:生产输送机和装箱机分别领用方钢2 000千克,圆钢5 000千克;车间一般性耗用方钢和圆钢分别为300千克和260千克。

领 料 单

领料单位:车间　　　　　　　　　　　　　　　　　　　编号:
用　　途:生产输送机　　2014年12月11日　　　　　　仓库:1

材料类别	材料编号	材料名称	规格	计量单位	数量 请领	数量 实发	单价	金　额
		方钢		千克	2 000	2 000	200	400 000

记账　　　发料　孔飞　　　　领料单位负责人　赵萧　　　领料

领 料 单

领料单位:车间　　　　　　　　　　　　　　　　　　　编号:
用　　途:生产装箱机　　2014年12月11日　　　　　　仓库:1

材料类别	材料编号	材料名称	规格	计量单位	数量 请领	数量 实发	单价	金　额
		圆钢		千克	5 000	5 000	120	600 000

记账　　　发料　孔飞　　　　领料单位负责人　赵萧　　　领料

领 料 单

领料单位:车间　　　　　　　　　　　　　　　　　　　编号:
用　　途:一般性耗用　　2014年12月11日　　　　　　仓库:1

材料类别	材料编号	材料名称	规格	计量单位	数量 请领	数量 实发	单价	金　额
		方钢		千克	300	300	200	60 000
		圆钢		千克	260	260	120	31 200

记账　　　发料　孔飞　　　　领料单位负责人　赵萧　　　领料

(19) 12月11日，公司按合同规定预收立邦公司订购本公司产品输送机的货款，存入银行。

中国工商银行 进账单（收账通知） 3

2014年12月11日

出票人	全称	立邦公司	收款人	全称	辽宁鑫源机械公司
	账号	略		账号	3207788815834045
	开户银行	略		开户银行	工商银行顺义路支行
金额	人民币（大写）：贰拾万元整				百十万千百十元角分 ¥ 2 0 0 0 0 0 0 0
票据种类	转账支票	票据张数	壹		收款人开户银行签章

中国工商银行
沈阳市顺义路支行
2014.12.11
转讫

此联是银行给收款人的收账通知

(20) 12月11日，通过开户行上缴上月未缴增值税162 520元，并按照要求填写了增值税收缴款书。

税收通用缴款书

隶属关系：　　　　　　　　　　　　　　　　　　　　　No 0352864
注册类型：　　　　　填发日期：2014年12月11日　　征收机关：沈阳市税务局

缴款单位（人）	代码	320288789541123	预算科目	编码	10103
	全称	辽宁鑫源机械股份有限公司		名称	股份制企业增值税
	开户银行	工商银行顺义路支行		级次	中央75%　地方25%
	账号	3207788815834045		收款国库	国库开发区支库（工行顺义路支行）

税款所属时期	2014年11月1—30日	税款限缴时期	2014年12月15日

品目名称	课税数量	计税金额或销售收入	税率或单位税额	已缴或扣除额	实缴金额
增值税					162 520.00
金额合计	（大写）壹拾陆万贰仟伍佰贰拾元整				

上列款项已收妥并划转收款单位账户。

备注

经办人（章）　填票人（章）　国库（银行）盖章

第一联（收据）国库收款盖章后退缴款单位作完税

(21)12月12日,公司本月购入的设备在安装过程中发生的安装费如下:支付永新安装公司安装工人的工资3 000元。

```
          中国工商银行
          现金支票存根
                    (辽)
    B   S
    ─   ─    11223328
    0   2
          附加信息


          出票日期2014年 12月12 日

          收款人:永新安装公司
          金  额:¥3 000.00
          用  途:安装设备费


          单位主管  赵翔  会计  李丽
```

---

(22)12月13日设备安装完工交付使用,结转工程成本。

固定资产验收单

2014 年 12 月 13 日　　　　　编号:

名 称	规格型号	来 源	数 量	购(造)价	使用年限	预计残值
设备	略	外购	1	520 000.00	10 年	3 300
运杂费	总造价	建造单位		交工日期	附	件
300.00	523 300.00	略		2014 年 12 月 12 日	3	
验收部门	生产车间	验收人员	赵萧	管理部门	管理人员	赵翔
备 注						

(23) 12月13日，公司向永丰公司销售装箱机30台，每件售价5 500元；另外，公司用银行存款代客户垫付运杂费2 800元。全部款项收到一张已承兑商业汇票。

商业承兑汇票

XX00000000

出票日期 贰零壹肆 年 壹拾贰 月 壹拾叁日（大写）

第　号

付款人	全称	永丰公司			收款人	全称	辽宁鑫源机械股份有限公司	
	账号	略				账号	320778815834045	
	开户行	工行	行号			开户行	工行	行号

出票金额	人民币（大写）	壹拾玖万伍仟捌佰伍拾元整	千百十万千百十元角分 ￥1 9 5 8 5 0 0 0

汇票到期日	略	交易合同号码	

中国工商银行
沈阳市顺义路支行
2014.12.13
转讫

承兑人签章
承兑日期　年　月　日

出票人签章

辽宁省增值税专用发票

№ 4005019

开票日期：2014年12月13日

购货单位	名　　称：永丰公司	密码区	略
	纳税人识别号：略		
	地址、电话：略		
	开户行及账号：略		

货物或应税劳务名称	规格型号	单位	数量	单价	金额	税率	税额
装箱机		台	30	5500.00	165,000.00	17%	28,050.00
合　计					165,000.00		28,050.00

价税合计(大写)	人民币壹拾玖万叁仟零伍拾元整	小写	￥193,050.00

销货单位	名　　称：辽宁鑫源机械股份有限公司	备注	
	纳税人识别号：320088789541123		
	地址、电话：沈阳市顺义路21号02455828128		
	开户行及账号：招商银行顺义路支行320778815834045		

收款人：　　　复核：　　　开票人：李丽　　　销货单位：（章）

第四联 记账联

产品出库单

验收日期　2014年12月13日　　　　　编号：

品名	规格	单位	数量		实际价格				
			订单数	实际数	单价	总价	运杂费	合计	
装箱机		台	30	30	5,500.00	165,000.00	-	165,000.00	第三联　会计记账联
合计								165,000.00	
备注									

供销主管：　　　　　　　验收主管：李浩　　　　采购：

---

(24) 12月14日，公司用现金900元购买行政管理部门办公用品。

辽宁省沈阳市服务业统一发票

发票代码 221020871312

发　票　联

发票号码

付款单位：辽宁鑫源机械公司　　　2014年12月14日

项　目	单　位	数　量	单　价	金额 十万千百十元角分	
办公用品				9 0 0 0 0	② 报销凭证
合计金额（大写）	⊗拾⊗万⊗仟玖佰零拾零元零角零分			¥ 9 0 0 0 0	

收款单位（盖章有效）　　　收款人：　　　　开票人：李华

(25)12月16日,通过开户行工商银行直接将职工工资划转到职工工资卡中。

```
           中国工商银行
                        (辽)
           转账支票存根

    B   S
    ─   ─      11223329
    0   2
           附加信息


    出票日期  2014年12月16日

    收款人:鑫源公司
    金   额:1 000 000.00
    用   途:工资结算

    单位主管 赵翔  会计 李丽
```

(26)12月17日,公司对资产进行不定期盘查,发现一台设备盘亏。该设备的账面取得成本为300 000元,累计已提折旧182 500元(未提减值准备)。

固定资产盘盈盘亏报告表

部门:生产车间   2014年12月17日

因定资产编号	固定资产名称	盘盈			盘亏			毁损			原因
		数量	重置价值	估计已提折旧	数量	原价	已提折旧	数量	原价	已提折旧	
A11	设备				1	300 000	182 500				
合计					1	300 000	182 500				
处理意见	使用部门				清查小组			审批部门			

(27)12月18日，销售给立邦公司输送机40台，每台售价20 000元，前已预收部分货款，余款尚未收到。另外用转账支票代购买单位垫付运杂费。

辽宁省增值税专用发票

№ 4006012

开票日期： 2014年12月18日

购货单位	名　　称：	立邦公司			密码区		略		
	纳税人识别号：	略							
	地址、电话：	略							
	开户行及账号：	略							

货物或应税劳务名称	规格型号	单位	数量	单价	金额	税率	税额
输送机		台	40	20000.00	800,000.00	17%	136,000.00
合　计					800,000.00		136,000.00
价税合计(大写)	人民币玖拾叁万陆仟元整				小写	￥936,000.00	

销货单位	名　　称：	辽宁鑫源机械股份有限公司	备注
	纳税人识别号：	320088789541123	
	地址、电话：	沈阳市顺义路21号02455828128	
	开户行及账号：	招商银行顺义路支行320778815834045	

收款人：　　　　复核：　　　　开票人：李丽　　　　销货单位：（章）

第四联 记账联

产品出库单

验收日期　2014年12月18日　　　　编号：

品名	规格	单位	数量		实际价格			
			订单数	实际数	单价	总价	运杂费	合计
输送机		台	40	40	20,000.00	800,000.00	-	800,000.00
合计								￥800,000.00
备注								

供销主管：　　　　　　　验收主管：李浩　　　　采购：

第三联 会计记账联

下篇 综合实训

```
        中国工商银行              (辽)
          转账支票存根

        B   S
        ─   ─    11223318
        0   2
        附加信息


        出票日期2014年 12月18 日

        收款人:欣欣运输公司
        金    额:¥3 000.00
        用    途:代垫运费


        单位主管 赵翔  会计 李丽
```

(28)12月19日,招待公司客户而发生餐费500元,以现金支付。

辽宁省沈阳市服务业统一发票

发票代码 221020871312

发　　　联

发票号码

付款单位:辽宁鑫源机械公司　　　2014年12月19日

项　目	单　位	数　量	单　价	金　额 十万千百十元角分	
餐费				5 0 0 0 0	② 报销凭证
合计金额（大写）	⊗拾⊗万⊗仟伍佰零拾零元零角零分			¥ 5 0 0 0 0	

收款单位（盖章有效）　　　　收款人:　　　　开票人: 李华

(29)12月20日,将超额现金1 000元,交存银行。

中国工商银行**现金存款凭条**

2014 年 12 月 20 日

存款人	全 称	辽宁鑫源机械股份有限公司		款项来源		备用金							
	账 号	320778815834045											
	开户银行	工商银行顺义路支行		交款人		张丹							
金额	人民币（大写）：壹仟元整						百	十	万	千	百	十	元	角	分
										¥	1	0	0	0	0	0
票面	张数	金额	票面	张数	金额	复核： 经办：
100元	10	1000	5角			
50元			2角			中国工商银行
20元			1角			沈阳市顺义路支行
10元			5分			2014.12.20
5元			2分			转讫
2元			1分			
1元						

此联是银行给收款人的收账通知

---

(30)12月20日,向大连万达足球队捐款5 000元,开具现金支票一张。

```
        中国工商银行
        现金支票存根    (辽)

        B   S
        ─   ─    11223319
        0   2
        附加信息



        出票日期 2014年 12月 20日

        收款人：大连万达足球队
        金　额：¥5 000.00
        用　途：捐款

        单位主管 赵翔  会计 李丽
```

(31)12月22日，公司取得一笔违约金收入存入银行。

中国工商银行 **进账单**（收账通知） 3

2014年 12 月 22 日

出票人	全 称	略		收款人	全 称	辽宁鑫源机械公司	此联是银行给收款人的收账通知
	账 号	略			账 号	320778815834045	
	开户银行	略			开户银行	工商银行顺义路支行	
金额	人民币（大写）：贰拾万元整				百十万千百十元角分 ¥ 6 9 2 0 0 0 0		
票据种类	转账支票	票据张数	壹			收款人开户银行签章	

（中国工商银行 沈阳市顺义路支行 2014.12.22 转讫）

---

(32)12月23日，公司从抚顺联达公司购买圆钢2 000千克，每千克124元，材料验收入库，通过电汇方式将款项汇出。

辽宁省增值税专用发票 № 4006023

发票联   开票日期： 2014年12月23日

购货单位	名 称：辽宁鑫源机械股份有限公司	密码区	略
	纳税人识别号：320288789541123		
	地址、电话：沈阳市顺义路21号02455828128		
	开户行及账号：招商银行顺义路支行320778815834045		

货物或应税劳务名称	规格型号	单位	数量	单价	金额	税率	税额
圆钢		千克	2000	124.00	248,000.00	17%	42,160.00
合 计					248,000.00		42,160.00

价税合计(大写)：人民币贰拾玖万零壹佰陆拾元整   小写：¥290,160.00

销货单位	名 称：抚顺联达公司	备注	
	纳税人识别号：略		
	地址、电话：略		
	开户行及账号：略		

收款人：　　复核：　　开票人：李华　　销货单位：（章）

下篇 综合实训

中国工商银行电汇凭证（回单） NO：0287350

委托日期 2014 年 12 月 23 日　　　　　第　号

汇款人	全称	辽宁鑫源机械股份有限公司	收款人	全称	抚顺联达有限公司
	账号或住址	320778815834045		账号或住址	335522989675354
	汇出地点	沈阳	汇出行名称	工行顺义路支行	汇入地点	抚顺	汇入行名称	建行长兴路支行

金额：人民币（大写）贰拾玖万零壹佰陆拾元整　¥ 290160.00

汇款用途：往来

上列款项已根据委托办理，如需查询，请持此回

汇出行盖章：中国工商银行 沈阳市顺义路支行 2014.12.23 转讫

此联给汇款人的回单

原材料入库单

验收日期 2014年12月23日　　编号：

品名	规格	单位	数量		实际价格			合计
			订单数	实际数	单价	总价	运杂费	
圆钢		千克	2000	2000	124.00	248,000.00	-	248,000.00
合计								248,000.00
备注								

供销主管：　　　　　验收主管：李浩　　　采购：

第三联 会计记账联

(33)12月24日,将不需用的废旧钢铁进行处理,取得收入款存银行。

中国工商银行现金存款凭条

2014 年 12 月 24 日

存款人	全 称	辽宁鑫源机械股份有限公司									
	账 号	320778815834045		款项来源	备用金						
	开户银行	工商银行顺义路支行		交款人	张丹						
金额	人民币（大写）：壹万伍仟玖佰元整				百	十	万	千	百	十	元	角	分
					¥		1	5	9	0	0	0	0
票面	张数	金额	票面	张数	金额	复核： 经办：
100元	159	15900	5角			
50元			2角			中国工商银行
20元			1角			沈阳市顺义路支行
10元			5分			2014.11.24
5元			2分			转讫
2元			1分			
1元						

此联是银行给收款人的收账通知

---

(34)12月25日,出纳员开出现金支票一张,以补充库存现金。

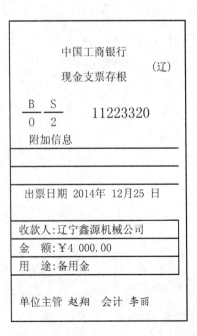

(35)12月25日,销售部部长孟冉因公到北京出差,预借差旅费,以现金支付。

借 据

辽财会账证33号　　　　　　　　　2014年 12月 25 日

借款单位	※销售部	姓名	※孟冉	级别	※部长	出差地点	※北京	
事由	※差旅费		借款金额（大写）	※人民币叁仟元整		天数	※3	第三联记账联
单位负责人签章		借款人签章	孟冉	注意事项	一、有※者由借款人填写 二、凡借用公款必须使用本单 三、第三联为正式借据由借款人和单位负责人签章 四、出差返回后三日内结算			
机关首长或授权人批示	姜志鹏印			审核意见	同意			

---

(36)12月25日,收到立邦公司前欠货款,款存银行。

中国工商银行 现金存款凭条

2014年 12月 25 日

存款人	全 称	辽宁鑫源机械股份有限公司											
	账 号	320778815834045		款项来源	备用金								
	开户银行	工商银行顺义路支行		交款人	张丹								
金额	人民币（大写）：陆万元整					百	十	万	千	百	十	元	角	分
							¥	6	0	0	0	0	0	0
票面	张数	金额	票面	张数	金额	复核：			经办：				
100元	600	60000	5角										
50元			2角										
20元			1角										
10元			5分										
5元			2分										
2元			1分										
1元													

中国工商银行 沈阳市顺义路支行 2014.12.25 转讫

此联是银行给收款人的收账通知

(37)12月26日,签发转账支票,预付中国人民财产保险公司下一年度公司财产保险费。

```
         中国工商银行
         转账支票存根      (辽)

   B   S     11223321
   ─── ───
   0   2
       附加信息
   ─────────────────────────

   出票日期2014年 12月 26日

   收款人:中国人民财产保险公司
   金  额:¥50 000.00
   用  途:保险费

   单位主管 赵翔  会计 李丽
```

(38)12月27日,支付沈阳天健会计师事务所资产评估费用。

```
         中国工商银行
         转账支票存根      (辽)

   B   S     11223322
   ─── ───
   0   2
       附加信息
   ─────────────────────────

   出票日期2014年 12月 27日

   收款人:沈阳天健会计师事务所
   金  额:¥3 500.00
   用  途:评估费

   单位主管 赵翔  会计 李丽
```

(39)12月29日,公司收到银行的通知,本月的水电费为5 600元,其中车间的水电费为4 400元,行政管理部门的水电费为1 200元。

水费分配表

2014 年 12 月 29 日　　　　　　　　　　　　　　　　　　　　　　　单位:元

部门	使用数量	分配率	分配金额
生产部门			¥　　4,400.00
管理部门			¥　　1,200.00
合计			¥　　5,600.00

---

(40)12月30日,向永丰公司销售装箱机20台,每件售价5 450元,款已收到存入银行。

辽宁省增值税专用发票

№ 4005033

开票日期:　2014年12月30日

购货单位	名　　称: 永丰公司 纳税人识别号:略 地　址、电话:略 开户行及账号:略			密码区		略		
货物或应税劳务名称	规格型号	单位	数量	单价	金额	税率	税额	
装箱机		台	20	5450.00	109,000.00	17%	18,530.00	
合　计					109,000.00		18,530.00	
价税合计(大写)	人民币壹拾贰万柒仟伍佰叁拾元整				小写		¥127,530.00	
销货单位	名　　称: 辽宁鑫源机械股份有限公司 纳税人识别号:320088789541123 地　址、电话:沈阳市顺义路21号02455828128 开户行及账号:招商银行顺义路支行320778815834045			备注				

收款人:　　　复核:　　　开票人:李丽　　　　　　销货单位:(章)

产品出库单

验收日期 2014年12月30日   编号：

品名	规格	单位	数量		实际价格			
			订单数	实际数	单价	总价	运杂费	合计
装箱机		台	20	20	5,450.00	109,000.00	-	109,000.00
合计								109,000.00
备注								

第三联 会计记账联

供销主管：   验收主管：李洁   采购：

中国工商银行 进账单（收账通知） 3

2014年 12月 30 日

出票人	全称	永丰公司	收款人	全称	辽宁鑫源机械公司
	账号	略		账号	320778815834045
	开户银行	略		开户银行	工商银行顺义路支行
金额	人民币（大写）：壹拾贰万柒仟伍佰叁拾元整				百 十 万 千 百 十 元 角 分 ¥ 1 2 7 5 3 0 0 0
票据种类	转账支票	票据张数	壹		

中国工商银行
沈阳市顺义路支行
2014.12.30
转讫

收款人开户银行签章

此联是银行给收款人的收账通知

(41) 12月30日,销售部部长孟冉出差归来,经批准报销差旅费2 800元,余款退回。

差旅费报销单

部门:销售部　　　　　　　　2014年　12月　30日

姓名		孟冉		出差事由		参加展销会		自2014年12月26日			共4天		
								至2014年12月30日					
起讫时间及地点				车船票		夜间乘车补助费			出差乘补费		住宿费	其他	
月	日	起	月	日	讫	类别	金额	时间	标准	金额	日数	标准	金额	金额	项目	金额
小计																

附单据 共叁张

合计金额(大写):人民币贰仟捌佰元整

备注:预借3000.00　核销2800.00　退补200.00

单位领导:姜志鹏　　财务主管:赵翔　　审核:　　填报人:钟大明

---

(42) 12月31日,按规定提取应由本月负担的短期借款利息。

中国工商银行存(贷)款利息回单

2014年12月31日　　　　　　　　　　　　　　　　　　单位:元

借款种类	本金	利率	期限	利息
短期借款	略	略	略	25 000
合计				25 000

审核:王晨　　　　　记账:李丽　　　　　制单:王勇

(43)12月31日,摊销应由本月负担的厂房租金。

预付费用摊销明细表

2014年12月   单位:元

预付费用明细	预付费用总额	摊销期限	本月应摊销额	备注
厂房租金	240 000	1年	20 000	
合计				

主管:邢阳   审核:王晓晨   制表:李丽

(44)12月31日,摊销本月车间保险费。

预付费用摊销明细表

2014年12月   单位:元

预付费用明细	预付费用总额	摊销期限	本月应摊销额	备注
车间保险费	12 000	1年	1 000	
合计				

主管:邢阳   审核:王晓晨   制表:李丽

(45)12月31日,计提本月固定资产折旧。

固定资产折旧计算表

2014年12月31日   单位:元

使用部门	类别	应提折旧	固定资产原值	残值率	使用年限	月折旧额
生产车间	房屋	100 000				
	机器设备	20 000				
	小计	120 000				
管理部门	房屋	40 000				
	汽车	8 000				
	办公设备	2 000				
	小计	50 000				
合计		170 000				

(46)12月31日,计算并摊销属于本月的广告费用1 500元。

预付费用摊销明细表

2014年12月 单位:元

预付费用明细	预付费用总额	摊销期限	本月应摊销额	备注
广告费	略	略	1 500	
合计				

主管:邢阳　　　　　　　　　审核:王晓晨　　　　　　　　　制表:李丽

(47)12月31日,计算并结转属于本月的固定资产租赁费收入2 000元。

预收款项结转明细表

2014年12月 单位:元

预付费用明细	预收账款总额	结转期限	本月应结转额	备注
固定资产租赁费	24 000	1年	2 000	
合计				

主管:邢阳　　　　　　　　　审核:王晓晨　　　　　　　　　制表:李丽

(48)12月31日,根据工资结算汇总表分配本月职工工资1 000 000元,其中,生产部门工人工资为600 000元(生产输送机车间工人工资320 000元、生产装箱机车间工人工资280 000元),生产部门管理人员工资为150 000元,行政管理人员工资为250 000元。

工资结算汇总表

2014年12月

单位人员类别	基本工资	加班工资	工种补贴	物价补贴	夜班津贴	奖金		缺勤减发工资		应付工资	代扣款项		实发工资
						综合奖	单项奖	事假旷工	病假		五险一金	个人所得税	
生产车间													
输送机车间工人													320 000
装箱机车间工人													280 000
管理人员													150 000
小计													750 000
管理部门													250 000
小计													250 000
合计													1 000 000

(49)12月31日,根据工资汇总表按比例2%计提医疗保险,按比例8%计提养老保险,按比例14%计提住房公积金。

社会保险、住房公积金分配表

2014年12月31日　　　　　　　　　　　　　　　　　　　　　　　　单位:元

应借科目	应贷科目:应付职工薪酬								
	生产工人			车间管理人员			行政管理人员		
	医疗保险	养老保险	住房公积金	医疗保险	养老保险	住房公积金	医疗保险	养老保险	住房公积金
生产成本——输送机									
生产成本——装箱机									
制造费用									
管理费用									
合计									

主管:邢阳　　　　　　　　　审核:王晓晨　　　　　　　　　制表:李丽

(50)12月31日,按产品生产工时的比例分配结转本月制造费用(生产输送机占用机器工时数65 000个工时,生产装箱机占用机器工时数35 000个工时)。

制造费用分配表

2014年12月31日　　　　　　　　　　　　　　　　　　　　　　　　单位:元

产品名称	分配标准(工时)	分配率	分配金额
备注:待分配制造费用总额　　　　　　　　　元			

(51)12月31日,计算并结转本月生产完毕的产成品输送机和装箱机,并验收入库,根据产品成本计算单结转其实际生产成本(本月投产的产品全部生产完毕,其中输送机为100台,装箱机为240台)。

产品成本计算单

2014年12月　　　　　　　　　　　　　　　　　　　　　单位:元

成本项目	输送机		装箱机	
	总成本	单位成本	总成本	单位成本
直接材料				
直接人工				
制造费用				
合计				

主管:　　　　　　　　审核:　　　　　　　　制单:

完工产品入库单

仓库:成品库　　　　　　2014年12月31日

货号	产品名称	计量单位	数量	单位成本	金额	备注
	输送机					
	装箱机					
合计						

记账:　　　　　　验收:　　　　　　仓库:　　　　　　交货:

---

(52)12月31日,根据本月销售情况计算并结转本月产品的销售成本。

销售商品成本计算表

2014年12月

发票日期	发票号码	购货单位	销售成本
合计			

主管:　　　　　　　　审核:　　　　　　　　制表:

(53)12月31日按照应收账款余额的5‰计提坏账准备金。

坏账准备计算表

2014年12月31日　　　　　　　　　　　　　　　　　　　　　　　　单位:元

"坏账准备"账户期初余额	本期增加	本期减少	本期提取	"坏账准备"账户期末余额
"应收账款"账户期末余额	提取坏账准备比例	备注		

主管:邢阳　　　　　　　审核:王晓晨　　　　　　　制表:李丽

(54)12月31日,经公司董事会批准将本月盘亏的设备按"营业外支出"进行处理。

固定资产盘盈盘亏报告表

部门:生产车间　　　　　2014年12月17日

固定资产编号	固定资产名称	盘盈			盘亏			毁损			原因
		数量	重置价值	估计已提折旧	数量	原价	已提折旧	数量	原价	已提折旧	
A11	设备				1	300 000	182 500				
合计					1	300 000	182 500				
处理意见	使用部门			清查小组			审批部门				
	转作"营业外支出"						董事会办公室				

(55)12月31日,公司确证应付某单位的货款400 000元,已无法偿还,予以处理。

(56)30日,结转本月损益类账户发生额至"本年利润"。

损益类账户发生额表

2014年12月　　　　　　　　　　　　　　　　　　　单位:元

账户名称	借方发生额	贷方发生额	净发生额
合计			

主管:邢阳　　　　　　　审核:王晓晨　　　　　　　制表:李丽

---

(57)12月31日,公司按照25%的税率计算全年的所得税并予以结转(假定没有发生纳税调整事项)。

所得税费用计算表

2014年12月31日　　　　　　　　　　　　　　　　　单位:元

应纳税所得额	税率(%)	应纳税额

主管:邢阳　　　　　　　审核:王晓晨　　　　　　　制表:李丽

(58)12月31日,公司按照董事会的决议,按全年净利润的10％提取法定盈余公积金。(假定盈余公积计提于年末进行)

盈余公积计算表

2014 年 12 月 31 日　　　　　　　　　　　　　　　　　　　　单位:元

项目	计提依据	计提比例(％)	计提金额
合计			

主管:邢阳　　　　　　审核:王晓晨　　　　　　制表:李丽

(59)12月31日,公司董事会决定分配给股东现金股利300 000元。(假定利润分配于年末进行)

利润分配方案

辽宁鑫源机械股份有限公司董事会于2014年12月25日召开了第四次董事会,对本年利润分配方案作出如下决议:

根据本年度公司实现利润情况,考虑公司今后发展需要,决定对本公司可供分配的利润进行向投资者分配利润,金额为300 000元。

辽宁鑫源机械股份有限公司董事会
12月31日

(60)12月31日,公司年末结转本年净利润。

(61)12月31日,将"利润分配"各明细账户的余额转入"利润分配——未分配利润"明细分类账户。

三、实训企业账表资料

总分类账户发生额及余额试算平衡表

年　月　日

账户名称	期初余额		本期发生额		期末余额	
	借方	贷方	借方	贷方	借方	贷方

续表

账户名称	期初余额		本期发生额		期末余额	
	借方	贷方	借方	贷方	借方	贷方
合计						

资 产 负 债 表

会企01表

编制单位： 年 月 日 单位：元

资　产	年初余额	期末余额	负债和股东权益	年初余额	期末余额
流动资产：			流动负债：		
货币资金			短期借款		
交易性金融资产			交易性金融负债		
应收票据			应付票据		
应收账款			应付账款		
预付账款			预收款项		
应收利息			应付职工薪酬		
应收股利			应交税费		
其他应收款			应付利息		
存货			应付股利		
一年内到期的非流动资产			其他应付款		
其他流动资产			一年内到期的非流动负债		
流动资产合计			其他流动负债		
非流动资产：			流动负债合计		
可供出售金融资产			非流动负债：		
持有至到期投资			长期借款		
长期应收款			应付债券		
长期股权投资			长期应付款		
投资性房地产			专项应付款		
固定资产			预计负债		
在建工程			递延所得税负债		
工程物资			其他非流动负债		
固定资产清理			非流动负债合计		
无形资产			负债合计		
开发支出			股东权益：		
长期待摊费用			实收资本（或股本）		
递延所得税资产			资本公积		
其他非流动资产			盈余公积		
非流动资产合计			未分配利润		
			股东权益合计		
资产总计			负债和股东权益总计		

利 润 表

会企 02 表
编制单位：　　　　　　　　　　　年　　月　　　　　　　　　　　　　　单位：元

项　目	本月数	本年累计数
一、营业收入		
减：营业成本		
营业税金及附加		
销售费用		
管理费用		
财务费用		
资产减值损失		
加：公允价值变动收益（损失以"－"号填列）		
投资收益（损失以"－"号填列）		
其中：对联营企业和合营企业的投资收益		
二、营业利润（亏损以"－"号填列）		
加：营业外收入		
减：营业外支出		
其中：非流动资产处置损失		
三、利润总额（亏损总额以"－"号填列）		
减：所得税费用		
四、净利润（净亏损以"－"号填列）		
五、其他综合收益		
六、其他综合收益税后净额		
七、综合收益总额		
八、每股收益：		
（一）基本每股收益		
（二）稀释每股收益		

实训要求

(1) 建账(账簿资料见上篇)。
(2) 根据 12 月份经济业务编制记账凭证(收款凭证、付款凭证和转账凭证)。
(3) 根据记账凭证中的收款凭证和付款凭证逐日登记库存现金和银行存款日记账。
(4) 根据原始凭证和记账凭证登记明细账。
(5) 定期编制科目汇总表。其方法是根据记账凭证,按照相同科目的发生额分别将借方、贷方加以汇总,经试算平衡后,据以登记入账。
(6) 根据科目汇总表定期登记总账。
(7) 对账、结账并编制试算平衡表。
(8) 根据账簿记录编制辽宁鑫源公司 2014 年 12 月份资产负债表和利润表。

附录1　会计档案管理与会计交接制度

一、会计档案管理

(一)会计档案的概念

会计档案是指"会计凭证、会计账簿和财务报告等会计核算专业资料,是记录和反映单位经济业务的重要史料和证据"。由此可见,会计档案是机关团体和企、事业单位在其日常经营活动的会计处理过程中形成的,并按照规定保存备查的会计信息载体,以及其他有关财务会计工作应予集中保管的财务成本计划、重要的经济合同等文件资料。

会计档案是国家经济档案的重要组成部分,是企业单位日常发生的各项经济活动的历史记录,是总结经营管理经验、进行决策所需的主要资料,也是检查各种责任事故的重要依据。各单位的会计部门对会计档案必须高度重视,严加保管。大、中型企业应建立会计档案室,小型企业应有会计档案柜并指定专人负责。对会计档案应建立严密的保管制度,妥善管理,不得丢失、损坏、抽换或任意销毁。

(二)会计档案包括的具体内容

按照《会计档案管理办法》的规定,企业单位的会计档案包括以下具体内容:

(1)会计凭证类:原始凭证,记账凭证,汇总凭证,其他会计凭证。
(2)会计账簿类:总账,明细账,日记账,固定资产卡片,辅助账簿,其他会计账簿。
(3)财务报告类:月度、季度、年度财务报告,包括会计报表、附表、附注及文字说明,其他财务报告。
(4)其他类:银行存款余额调节表,银行对账单,其他应当保存的会计核算专业资料,会计档案移交清册,会计档案保管清册,会计档案销毁清册。

(三)会计档案管理的基本内容

为了加强会计档案的科学管理,统一全国会计档案管理制度,做好会计档案的管理工作,国家财政部、国家档案局于1998年8月21日以财会字〔1998〕32号文发布了《会计档案管理办法》,统一规定了会计档案的立卷、归档、保管、调阅和销毁等具体内容。

各单位往年形成的会计档案,都应由企业会计部门按照归档的要求整理、立卷并装订成册;当年的会计档案,要在会计年度终了后,由本单位财会部门保管一年,期满后移交单位档案管理部门。

会计档案应分类保存,并建立相应的分类目录或卡片,随时进行登记。按照《会计档案管理办法》的规定,会计档案的保管期限分为永久保管和定期保管两类,其中定期保管期限又分为3年、5年、10年、15年、25年,时间是从会计年度终了后第一天算起。企业单位的会计档案的具体保管期限见表1。

表1　企业和其他组织会计档案保管期限表

序号	档案名称	保管期限	备注
一	会计凭证类		
1	原始凭证	15年	

续表

序号	档案名称	保管期限	备注
2	记账凭证	15 年	
3	汇总凭证	15 年	
二	会计账簿类		
4	总账	15 年	包括日记总账
5	明细账	15 年	
6	日记账	15 年	现金和银行存款日记账保管 25 年
7	固定资产卡片		固定资产报废清理后保管 5 年
8	辅助账簿	15 年	
三	财务报告类		包括各级主管部门汇总财务报告
9	月、季度财务报告	3 年	包括文字分析
10	年度财务报告（决算）	永久	包括文字分析
四	其他类		
11	会计移交清册	15 年	
12	会计档案保管清册	永久	
13	会计档案销毁清册	永久	
14	银行余额调节表	5 年	
15	银行对账单	5 年	

会计档案归档保管之后，需要调阅会计档案的，应办理档案调阅手续方可调阅，并应设置"会计档案调阅登记簿"，详细登记调阅日期、调阅人、调阅理由、归还日期等内容。本单位人员调阅会计档案，需经会计主管人员同意；外单位人员调阅本单位会计档案，要有正式介绍信，经单位领导批准。对借出的会计档案要及时督促归还。未经批准，调阅人员不得将会计档案携带外出，不得擅自摘录有关数据。遇特殊情况需要影印复制会计档案的，必须经过本单位领导批准，并在"会计档案调阅登记簿"内详细记录会计档案影印复制的情况。

凭证、账簿和会计报表等会计档案超过规定的保管期限予以销毁时，应经过认真的鉴定，填写"会计档案销毁清册（报告单）"，详细列明欲销毁会计档案的类别、名称、册（张）数及所属年月等。然后由会计主管人员和单位领导审查签字，报经上级主管部门批准后办理销毁。在销毁时，要由会计主管人员或稽核人员负责监销，并在"会计档案销毁报告单"上签字。"会计档案销毁清册（报告单）"要长期保存。

采用电子计算机进行会计核算的单位，应当保存打印出的纸制会计档案。具备采用磁带、磁盘、光盘、微缩胶片等磁性介质保存会计档案条件的，由国务院业务主管部门统一规定，并报财政部、国家档案局备案。

关、停、并、转单位的会计档案，要根据会计档案登记簿编造移交清册，移交给上级主管部门或指定的接收单位接收保管。

会计档案保管人员调动工作，应按照规定，办理正式的交接手续。

二、会计工作交接

会计工作交接，是会计工作中的一项重要内容，办好会计工作交接，有利于保持会计工作的连续性，有利于明确各自的责任。

会计人员调动工作或者离职时，与接替人员办清交接手续，可以使会计工作前后紧密衔接，保证会计工作连续进行，防止因会计人员的更换而出现会计核算混乱的现象，同时可以分清移交人员和接替人员的责任。关于会计工作交接问题,有关的会计法规都作了明确的规定。我国《会计法》第四十一条规定:"会计人员调动工作或者离职,必须与接管人员办清交接手续。"《会计基础工作规范》也有相关的规定。

(一)会计工作交接的要求

《会计工作基础规范》对会计工作交接作了比较具体的规定,其内容包括:

(1)会计人员工作调动或因故离职,必须与接替人员办理交接手续,并将本人所经管的会计工作,在规定期限内移交清楚。会计人员临时离职或因事、因病不能到职工作的,会计机构负责人、会计主管人员或单位领导必须指定人员接替或代理。没有办清交接手续的,不得调动或者离职。

(2)接替人员应认真接管移交的工作,并继续办理移交的未了事项。移交后,如果发现原经管的会计业务有违反财会制度和财经纪律等问题,仍由原移交人负责。接替的会计人员应继续使用移交的账簿,不得自行另立新账,以保持会计记录的连续性。

(3)交接完毕后,交接双方和监交人要在移交清册上签名或者盖章,并应在移交清册上注明单位名称、交接日期、交接双方以及监交人的职务和姓名,移交清册页数,以及需要说明的问题和意见等。移交清册一般应填制一式三份,交接双方各执一份,存档一份。

(4)单位撤销时,必须留有必要的会计人员,会同有关人员办理清理工作,编制决算,未移交前,不得离职。接收单位和移交日期由主管部门确定。

(二)会计工作交接的程序

1. 移交前的准备工作

会计人员办理移交手续前,必须做好以下各项准备工作:

(1)对已经受理的经济业务,应全部填制会计凭证。

(2)尚未登记的账目,应登记完毕,并在最后一笔余额后加盖经办人员印章。

(3)整理应移交的各项资料,对未了事项写出书面材料。

(4)编制移交清册,列明移交的凭证、账表、公章、现金、有价证券、支票簿、发票、文件、其他会计资料和物品等内容。

2. 移交

移交人员按移交清册逐项移交,接替人员逐项核对点收。具体内容包括:

(1)现金、有价证券等要根据账簿余额进行点交。库存现金、有价证券必须与账簿余额一致,不一致时,移交人应在规定期限内负责查清处理。

(2)会计凭证、账簿、报表和其他会计资料必须完整无缺,不得遗漏;如果有短缺,要查明原因,并在移交清册中注明,由移交人负责。银行存款账户余额要与银行对账单核对相符;各种财产和债权、债务的明细账余额,要与总账有关账户的余额核对相符;必要时,可抽查个别账户余额,与实物核对相符或与往来单位、个人核对清楚。

(3)移交人经管的公章和其他实物,也必须交接清楚。

(4)会计机构负责人、会计主管人员移交时,除按移交清册逐项移交外,还应将全部财务会计工作、重大的财务收支和会计人员的情况等向接管人员详细介绍,并对需要移交的遗留问题写出书面材料。

3. 监交

会计人员办理交接手续,必须有监交人负责监交。其中一般会计人员办理交接手续,由会计机构负责人(会计主管人员)监交;会计机构负责人(会计主管人员)办理交接手续,由单位负责人监交,必要时主管单位可以派人会同监交。通过监交,保证双方都按照国家有关规定认真办理交接手续,防止流于形式,保证会计工作不因人员变动而受影响,保证交接双方处在平等的法律地位上享有权利和承担义务,不允许任何一方以大压小、以强凌弱,或采取不正当乃至非法手段进行威胁。移交清册应当经过监交人员审查和签名、盖章,作为交接双方明确责任的证据。

交接工作完成后,移交人员应当对所移交的会计资料的真实性、完整性负责。

附录2　会计岗位责任制与会计职业道德

一、会计岗位责任制

会计工作的岗位责任制,就是在财务会计机构内部按照会计工作的内容和会计人员的配备情况,进行合理的分工,使每项会计工作都有专人负责,每位会计人员都能明确自己的职责的一种管理制度。《会计基础工作规范》第八十七条规定:"各单位应当建立会计人员岗位责任制度。主要内容包括:会计人员的岗位设置;各会计工作岗位的职责和标准;各会计工作岗位的人员和具体分工;会计工作岗位轮换办法;对各会计工作岗位的考核办法。"不同的企业单位,可以根据自身管理的需要、业务的内容以及会计人员配备情况,确定各自的岗位分布。《会计基础工作规范》第十一条规定,会计工作岗位可以分为:会计机构负责人,出纳,财产物资核算,工资核算,成本费用核算,财务成果核算,资金核算,往来核算,总账报表,稽核和档案管理等。

(一)会计机构负责人工作岗位

负责组织领导本单位的财务会计工作,完成各项工作任务,对本单位的财务会计工作负全面责任;组织学习和贯彻党的经济工作的方针、政策、法令和制度,并根据本单位的具体情况,制定本单位的各项财务会计制度、办法,组织实施;组织编制本单位的财务成本计划、单位预算,并检查其执行情况;组织编制财务会计报表和有关报告;负责财会人员的政治思想工作;组织财会人员学习政治理论和业务知识;负责对财会人员的工作考核等。

(二)出纳工作岗位

出纳工作岗位的具体职责是负责办理现金收付和银行结算业务;登记现金、银行存款日记账;保管库存现金和各种有价证券;保管有关印章、空白收据和空白支票。

(三)财产物资核算工作岗位

按财务会计的有关法规的要求,会同有关部门制定本企业材料物资核算与管理办法;负责审查材料物供应计划和供货合同,并监督其执行情况。会同有关部门制订和落实储备资金定额,办理材料物资的请款和报销业务,计算确定材料物资采购成本。严格审查核对材料物资入库、出库凭证,进行材料物资明细核算,参与库存材料、物资的清查盘点工作。对于固定资产的核算,负责审核、办理有关固定资产的购建、调拨、内部转移、盘盈、盘亏和报废等会计手续,配合固定资产的管理部门和使用部门建立固定资产管理制度。进行固定资产的明细核算,参与固定资产清查,按规定正确计算提取固定资产折旧,以真实地体现固定资产价值。制定固定资产重置、修理计划,指导和监督有关部门管好用好固定资产。

(四)工资核算工作岗位

负责计算职工的各种工资和奖金,办理职工的工资结算,并进行有关的明细核算,分析工资总额计划的执行情况,控制工资总额支出;参与制订工资总额计划。在由各车间、部门的工资员分散计算和发放工资的组织方式下,还应协助企业劳动工资部门负责指导和监督各车间、部门的工资计算和发放工作。

(五)成本费用核算工作岗位

负责编制成本、费用计划,并将其指标分解落实到有关责任单位和个人。会同有关部门拟定成本费用管理与核算办法,建立、健全各项原始记录和定额资料,遵守国家的成本开支范围和开支标准,正确地归集和分配费用,计算产品成本,登记费用成本明细账,并编制有关的会计报表,分析成本计划的执行情况。

(六)财务成果核算工作岗位

负责编制收入、利润计划并组织实施。随时掌握销售状况,预测销售前景,及时督促销售部门完成销售计划,组织好销售货款的回收工作,正确地计算并及时地解交有关税利。负责收入、应收款和利润的明细核算,编制有关收入、利润方面的会计报表,并对其进行分析和利用。

(七)资金工作岗位

负责资金的筹集、使用和调度。资金岗位的人员应随时了解、掌握资金市场的动态,为企业筹集生产经营所需资金并满足需要。同时应合理安排调度使用资金,本着节约的原则,运用好资金,以尽可能低的资金耗费取得尽可能好的效果。

(八)往来结算工作岗位

负责办理其他应收、应付款项的往来结算业务,对于各种应收、应付、暂收、暂付等往来款项,要随时清理结算,应收的抓紧催收,应付的及时偿付,暂收暂付款项要督促清算;负责备用金的管理和核算,负责其他应收款、应付款和备用金的明细核算;管理其他应收应付款项的凭证、账册和资料等。

(九)总账报表工作岗位

负责总账的登记与核对,并与有关的日记账和明细账相核对,依据账簿记录编制有关会计报表和报表附注等相关内容,负责财务状况和经营成果的综合分析,收集、整理各方面经济信息以便进行财务预测,制订或参与制订财务计划,参与企业的生产经营决策等。

(十)档案管理工作岗位

负责制定会计档案的立卷、归档、保管、查阅和销毁等管理制度,保证会计档案的妥善保管、有序存放、方便查阅,严防毁损、散失和泄密。

(十一)稽核工作岗位

负责确立稽核工作的组织形式和具体分工,明确稽核工作的职责、权限,审核会计凭证和复核会计账簿、报表。

上述会计工作岗位的设置并非是固定模式,企业单位可以根据自身的需要合并或重新分设。总而言之,应做到各项会计工作有岗有责,各司其职。必要时可以将各岗位人员进行适当的轮换,以便于提高会计人员的综合能力,也有利于各岗位之间的相互协调与配合。开展会计电算化和管理会计的单位,可以根据需要设置相应的工作岗位,也可以与其他工作岗位相结合。

二、会计职业道德

会计行业作为市场经济活动的一个重要领域,主要为社会提供会计信息或鉴证服务,其服务质量的好坏直接影响着经营者、投资人和社会公众的利益,进而影响着整个社会的经济秩序。会计工作者在提供信息或鉴证服务的过程中,除了必须将本职工作置于法律、法规的约束和规范之下外,还必须具备与其职能相适应的职业道德水准。市场经济越发展,对会计工作的职业道德水准要求越高。正确认识和分析我国会计职业道德现状,建立、健全会计职业道德规范体系,广泛开展会计职业道德宣传教育,全面提高会计职业素养和执业质量,是新时期以德治国、建立和谐社会和会计工作发展的需要。

(一)会计职业道德的含义

道德是一定社会调节人际关系的行为规范的总和。职业道德是指人们在职业生活中应遵循的基本道

附录2　会计岗位责任制与会计职业道德

德,即一般社会道德在职业生活中的具体体现,是职业品德、职业纪律、专业胜任能力以及职业责任等的总称,属于自律范畴,它通过公约、守则等对职业生活中的某些方面加以规范。职业道德既是本行业人员在职业活动中的行为规范,又是行业对社会所负的道德责任和义务。

社会的经济发展水平,决定着人们的行为方式、生产方式和消费方式,也影响着人们的职业道德观念。社会生产力的不断发展,丰富了会计职业活动的内容,使会计职业关系日趋复杂,人们对会计职业行为的要求也不断更新,从而推动着会计职业道德的不断发展和完善。国外一些经济发达国家和国际组织先后对会计职业道德提出了明确的要求。如1980年7月,国际会计师联合会职业道德委员会拟订并经国际会计师联合会理事会批准,公布了《国际会计职业道德准则》,规定了正直、客观、独立、保密、技术标准、业务能力、道德自律等七个方面的职业道德内容。会计职业道德规范来源不同,其约束机制也必然有所差别。职业主义特色较浓的国家,职业道德准则的制定和颁布机构就是会计职业团体,其制约能力很大程度上也来源于职业团体,属于行业自律性。这样的制约机制在问题的处理过程中灵活、独立性强,很少受其他组织的影响,便于适应不同情况的发生。但是,在约束力、惩治力方面略显不足。而法律控制特色较浓的国家,职业道德起源于法律规定,其制约力也会在很大程度上依靠法律,属于政府管理型。这样的制约机构惩罚力度大,约束力比较强,只是不利于职业团体发挥其职能和作用。我国的《会计法》、《会计基础工作规范》、中国注册会计师协会颁布的《中国注册会计师职业道德基本准则》、《中国注册会计师职业道德规范指导意见》等都对会计职业道德提出了若干明确要求。

会计职业作为社会经济活动中的一种特殊职业,其职业道德与其他职业道德相比具有自身的特征。一是具有一定的强制性。如为了强化会计职业道德的调整职能,我国会计职业道德中的许多内容都直接纳入了会计法律制度之中。二是较多关注公众利益。会计职业的社会公众利益性,要求会计人员客观公正,在会计职业活动中,发生道德冲突时要坚持准则,把社会公众利益放在第一位。

(二)会计职业道德的基本内容

会计职业道德规范是指一定的社会经济条件下,对会计职业行为及职业活动的系统要求或明文规定,它是社会道德体系的一个重要组成部分,是职业道德在会计职业行为和会计职业活动中的具体体现。尽管不同的国家因经济发展程度不同,社会制度和经济体制各异,其会计职业道德有一定的差异,但也有许多共同点,只是实施和管理方式不同而已。根据我国会计工作和会计人员的实际情况,结合国际上对会计职业道德的一般要求,我国会计人员职业道德的内容可以概括为:爱岗敬业、诚实守信、廉洁自律、客观公正、坚持准则、提高技能、参与管理和强化服务。

1. 爱岗敬业

爱岗敬业包含"爱岗"和"敬业"两方面的要求。爱岗就是热爱自己的工作岗位,热爱本职工作。爱岗是对人们工作态度的一种普遍要求。热爱本职工作,就是职业工作者以正确的态度对待各种职业劳动,努力培养热爱自己所从事的工作的幸福感、荣誉感。一个人,一旦爱上了自己的职业,他的身心就会融合在职业工作中,就能在平凡的岗位上,做出不平凡的事业。所谓敬业就是用一种严肃的态度对待自己的工作,勤勤恳恳、兢兢业业,忠于职守,尽职尽责。如果一个从业人员不能尽职尽责,忠于职守,就会影响整个企业或单位的工作进程,严重的还会给企业和国家带来损失,甚至还会在国际上造成不良影响。会计职业道德中的敬业,要求从事会计职业的人员充分认识到会计工作在国民经济中的地位和作用,以从事会计工作为荣,敬重会计工作,具有献身于会计工作的决心。

爱岗与敬业的总的精神是相通的,是相互联系在一起的。爱岗是敬业的基础,敬业是爱岗的具体表现,不爱岗就很难做到敬业,不敬业也很难说是真正的爱岗。爱岗敬业是会计人员干好本职工作的基础和条件,是其应具备的基本道德素质。爱岗敬业需要有具体的行动来体现,即要有安心会计工作、献身会计事业的工作热情,严肃认真的工作态度、勤学苦练的钻研精神、忠于职守的工作作风。爱岗敬业要求会计人员热爱会计工作,安心本职岗位,忠于职守,尽心尽力,尽职尽责。

2. 诚实守信

诚实守信就是忠诚老实，信守诺言，是为人处世的一种美德。所谓诚实，就是忠诚老实，不讲假话。诚实的人能忠实于事物的本来面目，不歪曲，不篡改事实，同时也不隐瞒自己的真实思想，光明磊落，言语真切，处事实在。诚实的人反对投机取巧，趋炎附势，吹拍奉迎，见风使舵，争功诿过，弄虚作假，口是心非。所谓守信，就是信守诺言，说话算数，讲信誉，重信用，履行自己应承担的义务。诚实和守信两者意思是相通的，是互相联系在一起的。诚实是守信的基础，守信是诚实的具体表现，不诚实很难做到守信，不守信也很难说是真正的诚实。诚实侧重于对客观事实的反映是真实的，对自己内心的思想、情感的表达是真实的。守信侧重于对自己应承担、履行的责任和义务的忠实，毫无保留地实践自己的诺言。

市场经济越发达，职业越社会化，道德信誉就越重要。市场经济是"信用经济"、"契约经济"，注重的就是"诚实守信"。可以说，信用是维护市场经济步入良性发展轨道的前提和基础，是市场经济社会赖以生存的基石。

诚实守信的基本要求是：首先，做老实人，说老实话，办老实事，不弄虚作假。做老实人，要求会计人员言行一致，表里如一，光明正大。说老实话，要求会计人员说话诚实，如实反映和披露单位经济业务事项。办老实事，要求会计人员工作踏踏实实，不弄虚作假，不欺上瞒下。其次，执业谨慎，信誉至上。诚实守信，要求注册会计师在执业中始终保持应有的谨慎态度，维护职业信誉及客户和社会公众的合法权益。最后，保密守信，不为利益所诱惑。在市场经济中，秘密可以带来经济利益，而会计人员因职业特点经常接触到单位和客户的一些秘密，因而，会计人员应依法保守单位秘密，这也是诚实守信的具体体现。

3. 廉洁自律

廉洁自律是中华民族的一种传统美德，也是会计职业道德规范的重要内容之一。在会计职业中，廉洁要求会计从业人员公私分明、不贪不占、遵纪守法，经得起金钱、权利、美色的考验，不贪污挪用、不监守自盗。保持廉洁主要靠会计人员的觉悟、良知和道德水准，而不是受制于外在的力量。所谓自律是指会计人员按照一定的具体标准作为具体行为或言行的参照物，进行自我约束、自我控制，使具体的行为或言论达到至善至美的过程。自律包括两层意思：一是会计行业自律，是会计职业组织对整个会计职业的会计行为进行自我约束、自我控制的过程；二是会计从业人员的自我约束，其是靠其科学的价值观和正确的人生观来实现的，每个会计从业人员的自律性强，则整个会计行业的自律性也强。

廉洁自律的基本要求可以概述如下：第一，公私分明，不贪不占；第二，遵纪守法，抵制行业不正之风；第三，重视会计职业声望。

4. 客观公正

客观是指按事物的本来面目去反映，不掺杂个人的主观意愿，也不为他人意见所左右，既不夸大，也不缩小。公正就是公平正直，没有偏失，但不是中庸。在会计职业中，客观公正是会计人员必须具备的行为品德，是会计职业道德规范的灵魂。客观要求会计人员在处理经济业务时必须以实际发生的交易或事项为依据，如实反映企业的财务状况、经营成果和现金流量情况；公正要求会计准则不偏不倚、一视同仁，会计人员在履行会计职能时，摒弃单位、个人私利，不偏不倚地对待有关利益各方。客观公正，不只是一种工作态度，更是会计人员追求的一种境界。

客观公正的基本要求是：首先，端正态度。做好会计工作，不仅要有过硬的技术和本领，也同样需要有实事求是的精神和客观公正的态度。其次，依法办事。当会计人员有了端正的态度和知识技能基础之后，他们在工作过程中必须遵守各种法律、法规、准则和制度，依照法律规定进行核算，并做出客观的会计职业判断。再次，实事求是，不偏不倚，保持独立。客观公正，一是要求保持会计人员从业的独立性，独立性有实质上的独立性和形式上的独立性；二是要求会计人员保持客观公正的从业心态。

5. 坚持准则

坚持准则，要求会计人员在处理业务过程中，严格按照会计法律制度办事，不为主观或他人意志左右。

附录2　会计岗位责任制与会计职业道德

这里所指的"准则"不仅指会计准则,而且包括会计法律、会计行政法规、国家统一的会计制度以及与会计工作相关的法律制度。会计法律是指《会计法》;会计行政法规是指由国务院发布的《企业财务会计报告条例》、《总会计师条例》,以及经国务院批准、财政部发布的《企业会计准则》等;国家统一的会计制度是指,国务院财政部门根据《会计法》制定的关于会计核算、会计监督、会计机构和会计人员以及会计工作管理的制度,包括规章和规范性文件,如《财政部门实施会计监督办法》、《企业会计制度》、《会计基础工作规范》、《会计从业资格管理办法》、《会计档案管理办法》等。会计人员应当熟悉和掌握准则的具体内容,并在会计核算中认真执行,对经济业务事项进行确认、计量、记录和报告的全过程应符合会计准则的要求,为政府、企业、单位和其他相关当事人提供真实、完整的会计信息。

坚持准则的基本要求是:首先,熟悉准则。会计工作不单纯是进行记账、算账和报账,在记账、算账和报账过程中会时时、事事、处处涉及政策界限、利益关系的处理,需要遵守准则、执行准则、坚持准则。只有熟悉准则,才能按准则办事,才能保证会计信息的真实性和完整性。其次,坚持准则。在企业的经营活动中,国家利益、集体利益与单位、部门以及个人利益有时会发生冲突,《会计法》规定,单位负责人对本单位会计信息的真实性和完整性负责。也就是说,单位的会计责任主体是单位负责人。会计人员坚持准则,不仅是对法律负责,对国家、社会公众负责,也是对单位负责人负责。

6. 提高技能

会计是一门不断发展变化、专业性很强的学科,它与经济发展有密切的联系。近年来,随着市场经济体制的日益完善和经济全球化进程的加快,需要会计人员提供会计服务的领域越来越广泛,专业化、国际化服务的要求越来越高,会计专业性和技术性日趋复杂,对会计人员所应具备的职业技能要求也越来越高。会计职业技能的内容主要包括:一是会计专业基础知识;二是会计理论、专业操作的创新能力;三是组织协调能力;四是主动更新知识的能力;五是提供会计信息能力等。提高技能,就是指会计人员通过学习、培训等手段提高职业技能,以达到足够的专业胜任能力的活动。

提高技能的基本要求是:首先,增强提高专业技能的自觉性和紧迫感。会计人员要适应时代发展的步伐,就要有危机感、紧迫感,要有不断提高专业技能的自觉性。只有具备专业胜任能力,才能适应会计工作以及会计职业道德的要求。其次,勤学苦练、刻苦钻研。现代会计是集高科技、高知识于一体的事业,会计理论不断创新,新的会计学科分支不断出现,如跨国公司会计、国际税收会计、金融工具及衍生工具会计、知识产权会计以及会计电算化和网络化的发展,都要求会计人员去不断地学习与探索。

7. 参与管理

参与管理,就是为管理者当参谋,为管理活动服务。会计工作或会计人员与管理决策者在管理活动中分别扮演着参谋人员和决策者的角色,承担着不同的职责和义务。会计人员是在参与管理过程,并不直接从事管理活动,只是尽职尽责地履行会计职责,间接地从事管理活动或者说参与管理活动。

会计人员要树立参与管理的意识,积极主动地做好参谋。具体说,应积极主动做好以下几方面的工作。

第一,在做好本职工作的同时,努力钻研相关业务。做好本职工作,要求会计人员要有扎实的基本功,使自己的知识和技能适应所从事工作的要求,从而做好会计核算的各项基础工作,确保会计信息真实、完整。

第二,全面熟悉本单位经营活动和业务流程,主动提出合理化建议,协助领导决策,积极参与管理。会计人员要充分利用掌握的大量会计信息去分析单位的管理,从财务会计的角度渗透到单位的各项管理中,找出经营管理中的问题和薄弱环节,把管理结合在日常工作之中,从而使会计的事后反映变为事前的预测分析,真正起到当家理财的作用,成为决策层的参谋助手,为改善单位内部管理、提高经济效益服务。

8. 强化服务

强化服务是现代经济社会对劳动者所从事职业的更高层次的要求,它表现为人们在参与对外工作交往和组织内部协调运作过程中,人与人之间的人际关系的融洽程度和与之相对应的工作态度。强化服务要求会计人员树立服务意识,提高服务质量,努力维护和提升会计职业的良好社会形象。

强化服务的基本要求是:首先,树立服务意识。会计人员要树立服务意识,不论是为经济主体服务,还是为社会公众服务,都要摆正自己的工作位置。其次,提高服务质量。提高服务质量,并非无原则地满足服务主体的需要,而是在坚持原则、坚持会计准则的基础上尽量满足用户或服务主体的需要。最后,努力维护和提升会计职业的良好社会形象。会计人员服务的态度直接关系到会计行业的声誉和全行业运作的效率,会计人员服务态度好、质量高,做到讲文明、讲礼貌、讲诚信、讲质量,坚持准则,严格执法,服务周到,就能提高会计职业的信誉,维护和提升会计职业的良好社会形象,增强会计职业的生命力;反之,就会影响会计职业的声誉,甚至直接影响到全行业的生存和发展。

以上 8 项,是每一个会计从业者从事会计工作应具备的基础职业道德,会计从业者应在实践中自觉遵循、不断充实和发扬光大。